管理"懒孩子"我有100招

潘丽杰◎著

天津出版传媒集团

天津科学技术出版社

图书在版编目（CIP）数据

管理"懒孩子"我有 100 招 / 潘丽杰著 . -- 天津：
天津科学技术出版社，2024. 12. -- ISBN 978-7-5742
-2618-0

Ⅰ. G78

中国国家版本馆 CIP 数据核字第 2024XH4104 号

管理"懒孩子"我有 100 招
GUANLI LANHAIZI WOYOU 100 ZHAO

责任编辑：吴文博
责任印制：兰　毅

出　　版：天津出版传媒集团
　　　　　天津科学技术出版社
地　　址：天津市西康路 35 号
邮　　编：300051
电　　话：(022) 23332377
网　　址：www.tjkjcbs.com.cn
发　　行：新华书店经销
印　　刷：凯德印刷（天津）有限公司

开本 710×1000　1/16　印张 10　字数 150 000
2024 年 12 月第 1 版第 1 次印刷
定价：49.80 元

有些孩子小小年纪，却懒得出奇：他们早上懒得起床，上课时懒得记笔记，自己的书包懒得收拾，作业懒得写，家务更是懒得做……

面对孩子的懒惰，有些父母暴跳如雷，每天不停地唠叨，紧盯着孩子，甚至打骂威胁，导致家里整天"鸡飞狗跳"；还有些父母干脆"躺平"，安慰自己："我家孩子天生就懒，没办法！"然后给孩子贴上"不爱学习""不爱做家务""不爱运动"的标签。这两种父母虽然在对待孩子的态度上有所不同，但结果大致相同，孩子照旧懒惰。

孩子懒惰的背后，通常隐藏着许多问题，有生理问题，更多的还是心理问题。懒惰的孩子，一定是内心缺乏能量的孩子，除了身体疲倦外，他们往往还会感觉无聊、灰心、没有前进的动力。他们已经无法接受父母的催促和打击，他们更需要父母发自真心的鼓励和真真切切的帮助。

父母越勤快，孩子越懒惰。父母代劳了孩子的一切，孩子就会逐渐丧失行动力，成为一个"妈宝孩"。其实父母大可不必如此操劳，如果父母懂得怎样偷懒，孩子反而会变得更自立。首先，父母的嘴巴要"懒"，懒得去跟孩子争吵斗嘴，因为这样的争吵是没有意义的，吵输了自己心情差，吵赢了孩子会受伤；其次，父母的手要"懒"，学会让孩子做一些力所能及的事情，比如倒水、扔垃圾、擦桌子等，这样父母既能省力省心，孩子又能得到锻炼；最后，父母的心要"懒"，遇到问题放平心态，不急不躁，慢慢地、耐心地教孩子。

孩子懒得学习，在学校上课不专心，做笔记不认真；回到家里不想写作业，不希望父母过问学习上的事；一想到要上学，甚至会出现生理不适，如食欲不佳，头疼肚子疼等，这些情况都可能是孩子对学习产生了倦怠心理后的表现。倦怠心理之所以会产生，是由于孩子长期地面对学业压力导致精力耗竭，对学习的热情逐渐消退，甚至开始出现消极负面的态度。这个时候父母要做的是，正视孩子在学习过程中的困难，帮助孩子尝试调整学习方法，给予孩子更多耐心和支持，陪伴孩子去面对，让孩子意识到当下困境是完全可以度过的。

孩子懒得行动，并非孩子真的懒惰，而是孩子的能量太低，需要休息和恢复精力的时间。父母应该尽量减少外部动力，而是帮助孩子找到探索和实践的乐趣，让孩子获得成就感，激发出孩子的内驱力。父母可以创设各种情景，帮助孩子体验成功的喜悦；父母还可以鼓励孩子探索不同的领域，让孩子找到自己真正感兴趣的事情；当孩子做出一点点改善，获得一点点进步时，父母应立即给予孩子正面的反馈和强化，帮助孩子建立积极的自我形象。

本书图文并茂，"干货"满满，从生活和学习的方方面面入手，深度解析了孩子"懒"的客观原因以及心理机制。通过给父母支招的方式，帮助父母解决孩子"懒"的问题，手把手教父母如何引导孩子由"懒"变"勤快"。

再懒的孩子，也要学会独自飞翔，父母能做的，就是在孩子翱翔之前，帮助他们强健羽翼。阅读本书，学习本书，使用本书，让我们一起见证发生在"懒"孩子身上的奇迹吧！

CONTENTS 目录

Part 5

懒得做事，怎样让孩子行动力爆棚

Part 6

唤醒内驱力，让孩子越来越勤快

父母"懒"一点，
孩子才勤快

父母"懒"一点儿，孩子的自主性就会被释放得多一点儿；父母少做一点儿，孩子就会在每一次的自我体验中变得更懂事、更优秀。父母不妨勇敢放手，让孩子自由地探索这个世界。

父母越勤快，孩子越懒惰

奇奇的妈妈总是将奇奇照顾得无微不至，现在奇奇连很小的事情都不愿意自己动手做，变得越来越懒。

案例分析

　　有些父母自身非常勤快，无论是工作还是生活都能安排得很好，孩子的日常自然也管理得井井有条。然而，这样的勤快可能会有很大的"副作用"，如果事情都被父母做完了，孩子要做什么呢？

　　孩子要学习自己吃饭，父母却来喂他；孩子要学习自己走路，父母却来抱他；孩子想学习自己收拾屋子时，父母已经收拾好了……父母做的事情越多，孩子不会的事情就越多，孩子越不会就越不敢去尝试，也就逐渐变得懒惰。

过度的照顾

　　勤快的父母容易过度照顾孩子，他们总认为孩子还小很多事情都不会做，或者是因为心疼孩子所以什么事都不舍得让孩子做，于是把孩子自己的事情，甚至孩子会做的一些小事统统代劳了，比如收拾玩具、整理自己的书包等。结果，孩子不知道自己在生活中需要做什么事情，更不知道自己需要承担生活的责任，慢慢地就养成了什么都不做的习惯。

过度的保护

　　勤快的父母总担心孩子会受到伤害，出于保护的心理不让孩子插手任何事情。然而孩子一旦失去了实践和尝试的机会，就无法从锻炼中学习和成长。这不仅让孩子失去了锻炼意志力的机会，还限制了孩子的探索精神，甚至影响了孩子的社交能力。如果孩子遇到任何困难和问题，父母都会第一时间挺身而出，帮助孩子解决，在这样的保护下，孩子无论做任何事，首先想到的不是自己去解决，而是如何假手于父母，久而久之孩子只会越来越懒。

　　勤快的父母可能没有意识到，孩子也有自我实现的需求，他们也会渴望去做一些新鲜的、有趣的、有挑战性的事情。如果父母过于勤快，总是代替孩子去完成这些事情，那么孩子就会越来越依赖父母，以至于丧失自我实现的能力。

　　要想让孩子变得勤快，父母就需要根据孩子的特点和发展要求，采用科学的教养方式，那么，父母具体要怎么做呢？

第1招 少做一点，做慢一点

　　孩子吃饭慢，父母不妨耐心等待一会儿，可以去做点别的事情，等孩子不吃了再收走。如果赶时间，父母可以提前告知孩子到时间就会收拾碗筷，那时即使没吃完也不能再吃了。父母不要因为着急，就给孩子喂饭，这样反而让孩子失去了一次锻炼的机会。

　　父母在做饭时可以放慢速度，并把摆放碗筷的任务交给孩子，对孩子说："这道菜我还没炒完呢，你可以帮忙摆放碗筷吗？"

　　父母在打扫房间时，可以故意留一点"小尾巴"，比如只打扫客厅，不打扫卧室。当孩子发现卧室仍然凌乱的时候，父母可以对孩子说："卧室还没来得及打扫，你来帮我一起完成吧！"

　　父母在洗衣服前，可以对孩子说："衣服还没来得及洗，快去把你房间里要洗的衣服拿出来吧！"等到孩子学会操作洗衣机后，父母还可以逐步放手，让孩子自己洗衣服。

第2招 ▶ 多鼓励，少干涉

当孩子尝试着去做某件事的时候，父母千万不要因为孩子做得不好而打击孩子，更不要在孩子做到一半的时候去干涉或帮忙。如果想支持孩子，不妨多给孩子一些言语鼓励，如："宝贝加油，妈妈相信你可以的！"

同时，父母还要多鼓励孩子，多肯定孩子的态度和能力，不主动给孩子贴上负面标签。如果孩子已经被贴上了"懒惰"的标签，那么父母应该主动撕掉，并在孩子取得一点点进步和成绩的时候，夸赞孩子："我就知道，你是个勤快懂事的好孩子。"

第3招 ▶ 用游戏的方式激励孩子

任何事情只要有了规则和胜负，就能激发参与者的动力。爱玩是孩子的天性，父母可以通过游戏的方式，激励孩子去做事情。比如父母和孩子比赛穿袜子，看谁的速度更快，在比赛时，父母可以故意放慢一点速度，让孩子觉得有取胜的可能，从而增加孩子参与比赛的积极性。

在学习上，父母可以自制一些游戏环节，帮助孩子巩固学习内容，比如口算速度大比拼、识字大闯关、英语对话游戏等。

在做家务上，父母也可以将家务趣味化、游戏化。比如父母可以组织家庭劳动比赛，把家务活变成一项比赛或游戏，让孩子在不知不觉中爱上做家务，并且以劳动为荣。

拒绝包办代替，孩子才能学会独立

妈妈总是喜欢帮念念做完所有的事情，以至于念念虽然已经到了上小学的年纪，很多简单的事情还是无法独自完成。

很多父母在生活中包办了孩子的一切，认为孩子只要认真读书就好，其他的事情都不用操心。于是孩子逐渐养成了"饭来张口，衣来伸手"的坏习惯，一遇到问题就手足无措，处处离不开父母。此外，父母包办带来的危害还有很多。

产生依赖心理

如果父母包办了孩子的一切，那么孩子每次遇到麻烦时都会有一个心理预期，即总会有人替自己解决麻烦，只要父母不帮忙，孩子就不知道接下来该怎么做。这样的孩子处境是被动的，行为是消极的，内心是不自信的，因为他们不善于去解决问题，遇到困难也只会停留在原地，止步不前。

阻碍能力发展

孩子是需要通过不断探索和实践来增长能力的，如果失败，他们会不断地重复、突破，直至掌握本领。如果父母总是心疼和不忍，替孩子安排好了一切，孩子就没有机会去尝试，这样会剥夺孩子的成长机会，阻碍孩子各种能力的发展。

缺乏责任意识

孩子一旦适应了父母的包办，就会觉得这都是理所当然的，不会主动想应该为父母、为家庭、为社会付出什么，就会变得自私冷漠，缺乏责任意识，不懂得感恩，甚至还有可能变为"啃老族"。

形成错误观念

父母包办一切还会让孩子在思想上形成错误的价值观念，即不用为自己的需求和目标努力，就可以轻松获得成功的观念。这样的孩子在日后往往很难适应竞争日益激烈的社会，并对自身的成就缺乏真正的自豪感。

给父母支招

孩子在成长的过程中总会需要各种帮助，无论是学习、人际关系方面，还是情感、生理等方面，父母都应该在必要的时候给孩子提供一定的帮助。但父母也要遵守一个基本原则，那就是不能干扰孩子的成长。

幼年时期是一个人培养性格和习惯的萌芽时期。作为父母，要如何跳出"包办"的陷阱，让孩子更好地独立成长呢？

第4招 给孩子自己做主的机会

莹宝从小到大所有的事情都是妈妈一手包办的。莹宝上了小学后，老师发现莹宝有点融入不了集体，而且老师说什么，她就做什么，同学说什么，她就信什么，没有一点儿自己的见解。老师将莹宝的这一情况反映给了莹宝的妈妈。于是，莹宝的妈妈开始有意识地给莹宝提供自己做主的机会，比如，给莹宝买衣服的时候，让她自己决定衣服的颜色；买书包的时候，让她自己挑选款式等等。渐渐地，莹宝有了自己的主意。

让孩子从小事做起，学会自己做主。比如出门前让孩子挑选自己喜欢的衣服；买绘本时让孩子自己选择想读的故事；给适当的零花钱让孩子自己决定如何使用……只要不是危险的事情或原则性错误，父母都可以让孩子自己做主，让孩子在做主的过程中感受到"我"的力量，体验到自主决策的乐趣。

第5招　为孩子提供可以参考的选项

　　在孩子毫无头绪的时候，父母可以提供几个合适的选项让孩子参考；当孩子无法作出决定的时候，父母可以和孩子一起就眼前的问题进行利弊分析；在孩子进行重大选择的时候，父母可以引导孩子去收集资料，了解和熟悉各种选项，帮助孩子做出科学的决策；在孩子面对挫折和失败时，父母可以给孩子提供多种应对方式和补救措施，让孩子知道失败和挫折是再寻常不过的事情，一次不行就再试一次。

第6招　给孩子三分钟的思考时间

　　娇娇很喜欢拼乐高，但是稍大一点的乐高是有难度的，拼起来比较费劲。时间一长，娇娇就开始不耐烦了，如果中间再遇到点问题，娇娇还会着急得大哭。每当这时，娇娇妈妈就会等三分钟再去帮忙，给娇娇一个独立思考的机会。几次以后，娇娇渐渐学会了控制自己的情绪，也学会了如何更好地处理"乐高的小麻烦"。

　　当孩子遇到困难时，父母不妨给孩子三分钟思考的时间，比如孩子哭闹时，父母可以先让孩子冷静三分钟再去询问，这样或许就能知道孩子为什么哭；孩子做事总是出错，父母先别急着纠正，先让孩子自己梳理三分钟，这样或许更能帮助孩子发现问题；早上起床孩子就伸手等着别人给他穿衣服，如果三分钟后孩子没有得到回应，或许他就知道这件事应该自己做。

大胆放手，让孩子做力所能及的事

周末，嘟嘟闲着无聊，看到妈妈系着围裙在厨房洗碗，嘟嘟心疼妈妈，想为她分担一些家务。

案例分析

有些父母怕累着孩子，或者怕孩子做不好自己还要重新做，就不让孩子做一些力所能及的事。但从儿童发展的角度来看，剥夺孩子锻炼的机会，就等于剥夺了孩子自理能力发展的机会，久而久之，孩子就会慢慢丧失独立自主的能力。

其实孩子并不像我们以为的那么"无用"，他们完全可以根据自身的年龄特点和身体发育情况，承担一些力所能及的家务。

孩子力所能及的家务

学龄前儿童可以收拾自己的玩具，叠好自己的衣物并摆放整齐；可以将家里的纸屑捡到垃圾桶；可以摆放餐具并将用完的碗筷收拾到碗池中；还可以完成帮爸爸妈妈拿拖鞋等简单的劳动。

小学阶段的孩子可以定期打扫自己的房间，清理垃圾桶；可以铺床叠被，清洗自己的袜子；可以进行一些简单的采购，如买一瓶酱油，买一本作业本等；还可以在厨房当小帮手，在父母的监督下煎鸡蛋等。

初中阶段的孩子可以学一道拿手菜，逢年过节的时候展示一番；学会使用洗衣机、洗碗机等电器，帮父母分担一定的家务；还可以列出购物清单，并主导生活用品的采买等。

父母在给孩子分配家务的时候，务必注意安全，同时注意劳动强度不宜过大，劳动时间不宜过久，以免让孩子厌烦，甚至畏惧家务劳动。

给父母支招

从心理学上来说，孩子从两三岁开始就有强烈的"我要自己做"的欲望，会逐渐完成与父母的"心理分离"。这个时候，对孩子成长最好的方式就是给孩子多一些做事的机会，在孩子力所能及的范围内，放手让他自己做事情。

　　父母不必担心放手后，孩子会出现这样那样的问题。放手并不意味着对孩子不管不顾，而是多一点耐心去引导他更好地成长。

第7招　从日常家务入手

　　在日常生活中，父母应该公平地给家庭所有成员分配劳动任务，让孩子参与到做饭、洗碗、扫地等日常家务中，让孩子意识到自己的职责。

　　比如妈妈负责做饭，孩子负责摆放碗筷，爸爸负责洗碗等，分配完后家庭成员互相监督，然后召开家庭会议总结各自的不足和值得表扬的地方，以此让孩子认真对待所有的家庭任务。

　　当孩子刚开始参与家务时，很可能会手忙脚乱，甚至越帮越忙，比如洗菜时把水溅得到处都是，盛饭时饭撒了一桌，洗杯子时摔坏了几个杯子等等。这个时候，父母务必要容忍这些混乱状况，抓住孩子最感兴趣的时机，告诉孩子正确的方法，由此训练孩子做简单的家务。如果孩子做起来有困难，父母可以将家务分解，帮助孩子逐个完成。

第8招　提供尽可能多的实践活动

　　父母可以利用一些特殊场合，如家庭聚会、亲朋好友的拜访等，让孩子参与到接待、照顾客人的工作中。这样孩子可以在实践中学会待人接物的礼仪，同时也能在照顾他人的过程中，体验到快乐和成就感，并更加懂得珍惜和尊重他人的付出。

父母还可以利用大扫除等活动，让孩子负责扫地、擦桌子、整理书籍等相对安全的家务劳动，让孩子明白自己是家庭的一分子，有义务为家庭的劳务贡献自己的力量。

第9招 ◀ 分享劳动的成果和感受

在完成打扫任务后，父母可以和孩子一起欣赏整洁的家庭环境，探讨如何更好地维护劳动成果；在完成做饭任务后，父母可以和孩子一起品尝美味的食物，分享利用不同食材做饭的心得；在完成绘画任务后，父母可以和孩子一起欣赏并探讨绘画作品，鼓励孩子围绕创作思路或色彩搭配发表自己的见解。父母和孩子一起分享劳动的成果和感受，能让孩子更有动力。

忍住不催，孩子才能更有主动性

每天早晨，童童的妈妈一边匆忙地准备早餐，一边一催促童童起床。尽管妈妈不停地催促，但童童却一点都不着急，干什么都慢吞吞的。

案例分析

　　我们总觉得孩子做事太慢，却没想过，这可能是因为我们拿成人的标准来要求孩子。我们习惯了工作时的快节奏，以至于在家里也保持了这样的节奏，并下意识地要求孩子能够跟上自己的节奏。然而，经常催促孩子，不会让孩子快速完成任务，反而会引发孩子的逆反心理。为了对抗父母的催促，有的孩子甚至会故意用拖沓的方式来表达对父母的愤怒。

　　孩子有自己的节奏，孩子感觉最舒服、最顺畅、最有力的节奏就是顺应他们自身的生理节奏。如果父母总是逼孩子加快节奏，只会对孩子的身心造成伤害。

过度催促孩子的危害

　　12 岁前是孩子大脑发育的高速发展期，每天都会有数不清的信息通过感官输入孩子的大脑，建立和连接无数的神经元。孩子接触的信息越多，大脑探索就越深入，内部的神经元连接就越多，孩子的理解力和专注力也就越高。

　　如果父母过度催促，孩子的大脑就会收到这样一个信号："快点搞完吧，不然爸爸妈妈又要发火了！"这样做不仅干扰了孩子大脑的活动，阻断了神经元的连接，破坏了孩子的专注力，也让孩子失去了主动思考和探索的机会。

　　父母的过度催促还会让孩子倍感压力，这种压力会让孩子的思考能力和记忆力都受到抑制。孩子的世界里只剩下"快点"，却忘记了"我想"，久而久之，孩子便养成了做事不动脑，在父母的催促下才能完成任务的坏习惯，造成父母催促，孩子烦恼；父母打骂，孩子反抗；父母不催促不打骂，孩子放飞自我，任由自己"摆烂"的不良后果。

只有父母不着急，不催促，孩子才能按照自己的节奏去做，才会愿意主动去做。

第10招 让孩子自己承担后果

早晨，看着妮妮慢吞吞地洗漱、吃早饭，妮妮的妈妈虽然内心焦急不已，但是忍住没有催促，只是提醒妮妮再不快点就要迟到了。结果这天，妮妮果然迟到了。

第二天一早，妮妮的妈妈依然忍住没有催促，但妮妮因为害怕迟到被老师批评，明显加快了吃早饭的速度。快到学校的时候，路上有点堵车，妮妮为了赶时间，干脆下车跑着去学校了。从那天起，妮妮上学再也没迟到。

父母让孩子自己承担后果时，首先要保证这样的后果是孩子可以接受的，不能是让孩子处于危险中的，或者会影响到他人的后果；其次父母要提前告知孩子可能面临的后果，以及父母会置身事外，需要孩子一力承担的态度；最后，当孩子已然承担了自己的行为带来的不良后果，父母不能借题发挥，横加指责，而是要对孩子正在经历的事情表达同情和理解，并在需要的时候协助孩子改正。

第11招 利用时钟或沙漏来提醒孩子

很多孩子是没有时间观念的，他们不知道10分钟有多长，总觉得还有很多时间，不知道如何遵守时间。这时，父母可以利用闹钟、沙漏、手表、计时器等工具来培养孩子的时间观念，并在日常生活中，有意识地通过一些事情或途径，让孩子感受到时间是宝贵的，要学会利用和珍惜时间。

父母可以给孩子准备一个闹钟或沙漏计时器，让孩子明白很多事情都是有规定时限的，比如孩子想看电视时，父母可以告诉孩子只能看半小时，当定时闹钟响起时，就要结束观看；父母和孩子从家走到学校时，可以用手表开始计时，并在到达学校的时候告诉孩子，刚刚走了10分钟，让孩子对时间概念有直观感受；父母还可以利用等红绿的机会，让孩子感受时间的长短。

第12招　用"我希望"代替"快点儿"

如果想提醒孩子注意时间，父母可以用期望代替催促。比如，父母可以用"我希望我们能在20分钟后到达下一个地方，车程有10分钟，所以我们现在差不多要去停车场了"代替"快点儿，我们还要去下一个地方"；用"我希望你能在10分钟内吃完，这样我们路上还能聊聊天，上学也不会迟到了"代替"别玩了，快吃饭，不然又要迟到了"等等。

少唠叨，培养孩子的自觉性

 情景展现

瑶瑶不管做什么事，妈妈都怕瑶瑶做不好，在一旁唠叨个不停，瑶瑶对此感到很烦恼。

　　父母唠叨孩子，可以说是一种爱的表现，但也是一种缺乏尊重和信任的交流方式。在孩子眼中，父母的唠叨，更像是一种指责和强迫。

　　父母的唠叨大都是因为看不惯孩子的做法，忍不住指出孩子的问题，希望加以纠正。但没有人会喜欢一直被别人说自己这不好，那不行。如果父母在吃饭、睡觉、学习、玩耍等方面都不停地唠叨孩子，一旦超出孩子的心理承受范围，就会让孩子感到厌烦，甚至出现"我做什么都是错的"的心理暗示。长此以往，孩子只会慢慢变得消极被动，做什么事都提不起兴趣。

自我效能感

　　美国心理学家班杜拉提出"自我效能感"的概念，即人们对自身能否利用所拥有的技能去完成某项工作行为的自信程度。这一概念放在孩子身上就是，如果孩子能用自己的某种能力去做某件事，并从中获得胜任感和成就感，那么他就有足够的自信和内驱力去主动完成难度更高的事情。

　　举个例子，一个数学成绩不好的孩子，如果他画画的爱好能够被接纳，被允许和鼓励继续创作，那么他在绘画时所拥有的自我效能感，或许可以帮助他更好地面对学数学时的困难和挑战，从而学好数学。

　　一个不管做什么都会被唠叨和指正的孩子，是很难有动力去做任何事情的，他更不可能利用自我效能感，把热情转移到有难度的学习上去。所以，允许孩子犯错，允许孩子享受正在做的事情，看似"无用"，实则是在培养孩子的自我效能。

心理学中的"超限效应"指的是，刺激过多、过强，或者作用时间过长，就会让人产生不耐烦，甚至逆反的情绪。父母在教育孩子时说得越多，孩子就越不爱听，表现也越差，最后孩子变得越来越依赖父母的唠叨，失去做事的积极性和主动性。

父母对孩子的教育应该是张弛有度的，而不是对每一件自己不认同的事情指手画脚。很多时候，倾听比唠叨更容易进入孩子的内心，更能得到孩子的信任和尊重，简洁而有效的建议也更容易被孩子接受。父母不妨用规则代替唠叨，以便更行之有效地指导孩子安排每日的生活。

第13招 用规则代替唠叨

父母可以与孩子一起制订规则，让孩子明确地知道自己应该做什么，不应该做什么。比如，用事先约定好的规则来保证孩子能够按时上床睡觉、做作业、做家务等，让孩子在遵守规则的过程中培养出自觉性和责任感。

父母在制订规则的时候，要让孩子参与进来。同时，规则的内容要尽可能简单易懂，避免太长太啰唆，打消孩子配合的积极性。在规则制订好后，父母可以把它写在纸上，贴在家里醒目的地方，确保可以随时引起孩子的注意。当孩子违反了规则，父母也要按照规则给予孩子一定的惩罚，不可轻易妥协。

第14招 事前讲清楚，事中不打扰

　　在孩子开始做事前，父母要将所有的注意事项讲清楚，并用简洁明了的话语表达，让孩子知道关注的重点在哪里，明白应该怎么做。如果是重要的事情，父母可询问孩子是否记住了，或者让孩子复述一遍。如果孩子表示没记住，父母可适当重复一两遍。

　　当孩子正在做事时，父母要放心大胆地让孩子尽情去做，尤其当孩子进入全神贯注的状态后，只要孩子没有主动求助，即使发现孩子做错了，父母也不要轻易去打扰。

第15招 就事论事，不翻旧账

　　父母在指出孩子的错误时，首先要提醒自己就事论事，绝不翻旧账。如果怕忍不住，父母可以事先打个腹稿，先给孩子解释和反思的机会，倾听孩子内心的想法。

　　比如，父母只需要对孩子说"你的错题本上是不是有类似的题？去查一下。"而不是说："这道题怎么又做错了，上次考试就错过，这次怎么还不会？告诉你多少遍了，这个知识点是你的薄弱点，要多用点心……"如果真正想解决问题，而不是制造新的矛盾，就事论事是最好的选择。

适当示弱，让孩子勤快有担当

妈妈每天都会洗好水果给东东的爸爸和东东吃，今天妈妈告诉东东，自己的手疼，洗不了水果了。

案例分析

很多父母喜欢在孩子面前刻意展现出"无所不能"的形象，以为这样就可以给孩子树立好的榜样，结果反而压抑和弱化了孩子成长的动力。

德国儿童教育学家兰海认为，当孩子面对"无所不能"的父母时，他一般只有两个选择，一是向父母学习，追求完美，以至常常难以忍受自己的缺点，但经常会因为做不到而陷入内耗；二是不再做任何事，反正父母什么都能做，一切都会有父母兜底，任何事都不用费心。相反，如果父母在孩子面前有那么一点"不靠谱"，孩子反而会更主动且努力地想替父母"遮风挡雨"。

适当"示弱"的好处

父母的"示弱"并非"软弱"，而是一种用柔软化解冲突的技巧。这种示弱可以激发孩子内心的积极力量，如自信心、保护欲、责任感等，促使他们更加积极地去思考和解决问题。比如孩子有点怕黑不敢自己上厕所，父母可以假装自己也怕黑让孩子陪自己上厕所，这时孩子很有可能会鼓起勇气去面对黑暗。在这个过程中，孩子不仅战胜了内心的恐惧，更体验到了"保护家人"的成就感。

当父母以"示弱"的方式，向孩子"请教"他们擅长的领域时，孩子也会更容易感受到被尊重和认可，从而更加自信地展示自己的才能。这种互动不仅能促进亲子之间的感情，还能让孩子在"教授"父母的过程中更好地成长。

给父母支招

不做"无所不能"的父母，而做"需要帮助"的父母。我们会发现，孩子并不是没有解决问题的能力，只是缺少了锻炼和表现的机会。那么，父母要如何向孩子"示弱"呢？

第16招 让孩子感觉到被需要

让孩子帮父母认认回家的路，让孩子牵着父母的手带父母过马路，让孩子帮忙拎东西，让孩子倾听父母的烦恼……把孩子放在平等的位置，向孩子求助，让孩子感觉到自己是被需要的，也让孩子有更多表现的机会，孩子反而会更有自信心和成就感。

父母平时还可以多对孩子说这样的话："妈妈忙不过来了，你可以帮我洗个菜吗？""家里的小男子汉/贴心的小棉袄在哪里？爸爸需要你的帮忙！""我不知道买这个好不好，你帮妈妈出出主意吧？"这些话语会让孩子觉得自己是一个被需要的"小大人"，孩子也会更愿意主动分担家务。

在孩子有所行动后，父母还要记得及时夸奖孩子，让孩子收获成就感，引导孩子坚持下去。

第17招 主动暴露自己的不足

某短视频平台有个很火的"懒妈"，她有三个孩子，家里整整齐齐、干干净净的，因为三个孩子自己就把卫生搞好了，而懒妈只需要检查评分。每次"懒妈"一示弱，夸赞孩子们做得好时，三个孩子的责任感和保护欲就会被激起，乖乖地把家务都做好了。"懒妈"越"弱"，孩子越"能干"，也越有担当。

父母可以偶尔向孩子展示出自己能力不足的一面，或向孩子展示自己"脆弱"的一面。比如，父母下班累了，可以让孩子帮忙拿拖鞋；父母感冒了，可以让孩子帮忙倒杯水；父母胳膊疼，可以让孩子帮忙打扫卫生等等。

父母在向孩子求助的时候要注意了解孩子的发展规律，清楚孩子在各个阶段大致要具备哪些能力，求助的事项要是孩子力所能及的事情。如果孩子无法承担父母求助的事情，反而会打击孩子的自信心。

第18招 让孩子感觉到自己能胜任

父母可以用示弱的方式让孩子感觉到，很多事情其实并不需要父母帮忙，自己也能做到。比如父母可以对孩子说："妈妈今天好累啊，你可以自己写作业吗？""我不知道你的东西放在哪里最合适，你可以自己收拾吗？""你的小杯子好像只认你这一个主人啊，不让我碰，你可以自己接水吗？"通过示弱的方式，父母可以暗示孩子，自己的东西，自己的事情只有自己才能完成，父母帮不了忙。

在孩子询问父母意见或寻求帮助时，父母还可以这样说："这件事妈妈也不知道该怎么做，你有没有什么好办法？"由此引导孩子自己思考和解决问题。

如果孩子不愿意自己做事，或者表现出拖拉磨蹭的态度，父母还可以适当"做错"一两件事，给孩子制造一些小麻烦，从而推动孩子自己解决问题。

懒得学习，如何激发
孩子的学习热情

　　孩子懒得学习，可能不是因为孩子真的懒，而是因为孩子没有掌握正确的学习方法，没有体会到学习的乐趣。我们可以通过创造积极的学习环境、培养学习的兴趣、建立有效的学习习惯引导孩子走出懒惰的困境。

警惕"积懒成笨"，不要让懒惰拖垮学习

 情景展现

绵绵自从上了三年级后，学习时越来越懒了，复习只盯着看，做题只做简单的，遇到稍微有点难度的题，就喊妈妈，要么就干脆不写了。

"积懒成笨"指的是孩子学习的积极性差，没有主动学习的意识，懒得思考，久而久之，孩子大脑反应越来越迟钝，记忆力越来越差，学习自然也就跟不上。

大多数孩子的"笨"只是表象，真正的原因是懒惰，比如班里那些成绩比较差的学生，通常在其他方面就表现得很正常，甚至表现优异。孩子成绩差，学习效率低，很多时候并不是因为孩子脑子笨，而是因为长期的懒散。根据"用进废退"的原则，一个人越是勤于思考，大脑就越灵活，而经常懒得动脑的人，他的大脑就会像生锈的铁链一样，变得难以运转，最终"积懒成笨"。

警惕"积懒成笨"的三大表现

一是态度上的懒，具体表现为没有学习目标和规划，胸无大志，终日浑浑噩噩；对学习毫无敬畏之心，出现问题也没有羞耻感；对学习提不起任何兴趣，不思进取；对学习抱着无所谓的态度，得过且过。

二是行为上的懒，具体表现为在学习的过程中拖拉磨蹭，表现出抗拒情绪，作业能拖就拖，经常要在父母的催促下才会开始学习。长期下来形成一种被动学习的状态，缺乏自主学习的能力。

三是思维上的懒，具体表现为机械式学习，照本宣科地完成学习任务，并未养成边学习边思考的习惯。比如上课时奋笔疾书记笔记，但思想早已跑到九霄云外；只愿意做简单的题目，遇到稍微有难度的题就打起了退堂鼓；厚厚的错题集只顾着整理和摘录，不知道总结和反思，错过的题下次遇到还会再错。

小学阶段，父母务必要警惕孩子"积懒成笨"的现象，先抓好孩子的学习习惯，再谈孩子的学习成绩。

第19招 给孩子设置底线

刚上一年级的梦梦，写作业十分拖拉，每天都要写到很晚。有一次已经到了晚上8点，梦梦还有一篇课文没背，便和妈妈撒娇说明天再背。妈妈坚持让她当天完成作业，没背完不许睡觉，梦梦转向爸爸"求救"，爸爸也只是摊手表示爱莫能助。没办法的梦梦只能硬着头皮背书，没想到在这种情况下，梦梦背书的效率比以往任何时候都高。

父母给孩子提要求，立规矩，要给孩子尊重和不容突破的底线，避免纵容妥协。在给孩子设置规则和底线的时候，父母既要立场坚定，不给孩子讨价还价的机会，又要态度温和，避免因过于严苛和强硬让孩子产生抵抗情绪。

第20招 鼓励孩子勤思考

在日常生活中，父母可以多与孩子进行开放式对话，比如问孩子："你今天遇到了什么有趣的事情？""你今天学到什么好玩的东西了？"鼓励孩子回顾日常和表达自己的想法，锻炼孩子的反思能力和表达能力。

当孩子做作业遇到困难时，父母不要急于告诉孩子最终答案，而是引导孩子先自己尝试，然后再一起讨论解决办法，启发孩子进一步思考并解决问题，从而培养孩子解决问题的能力和自主学习的习惯。

父母可以每周选一个时间进行家庭讨论，所有的家庭成员聚在一起讨论时事、书籍或者电影，在增进家庭成员沟通的同时，锻炼孩子的批判思维能力和表达能力。

父母还可以通过角色扮演游戏，让孩子置身于不同的情境和角色中，主动思考应对方式。比如让孩子扮演超市收银员，学习计算找零；扮演导游，学习介绍景观等，通过这种方式提高孩子的逻辑思维能力和决策能力。

此外，父母可以鼓励孩子通过绘画或写作的方式表达自己的思考和感受，进一步激发孩子的想象力和创造力。

第21招　鼓励孩子勤动笔

平时读书时，父母可以给孩子拿一支笔，摆开一个本子，让孩子边读边动笔。孩子可以在书上做标注，用符号将感兴趣的词句圈出来，并在旁边做批注，或者用简单的词句写出自己的感想或启发；还可以将书上的好词好句摘抄到本子上，同样做好批注，做到"不动笔墨不读书"。

外出时，父母也可以让孩子随身携带纸笔，及时把所见所闻和感想记录下来，哪怕是非常简单、粗略的内容也可以记录下来，由此培养孩子写日记、记随笔的好习惯。

作业总是拖到最后一刻才做，怎么办

做作业时，阳阳总喜欢拖到最后一刻才开始。妈妈一遍又一遍地催促，阳阳要么装听不见，要么就是磨磨蹭蹭，不到最后一刻决不动笔。

　　每到开学前夕，孩子奋力赶作业，补救"烂尾工程"的场面便会如期上演，这种现象在心理学上被称为"拖延症"，孩子往往会说"我还有好多时间，明天再做也不晚。"

　　面对一堆作业和一个充满游戏、朋友和无穷乐趣的假期，小学生在"即时满足"的诱惑下几乎不需要思考就能立刻做出选择。直到假期的最后一刻，完成假期作业的紧迫性变得无法忽视，孩子才不情愿地开始行动。到底是什么原因造成了"作业拖延症"呢？

逃避的情绪

　　对于做起来难度大，或者不感兴趣的事情，我们通常很容易缺乏积极性，进而通过拖延的方式去逃避。而对于玩游戏、看电影这些有趣又没什么难度的事情，我们往往能够快速投入其中。孩子也是如此，假期作业任务太多，孩子很容易产生畏难和逃避的情绪，觉得需要很长时间和花费大量精力才能做完，因此还没开始就已经感觉"心累"了。

时间管理能力差

　　很多孩子对于时间没什么概念，也没有学会如何合理安排时间，所以很容易将时间浪费在其他事情上。结果在学校花20分钟就能完成的作业，孩子放假在家可能要花1个小时才能完成，甚至更长的时间，导致作业拖延到最后一刻才完成。

给父母支招

假期对于孩子而言意味着摆脱了学校的束缚，拥有了更多自由时间。然而，过了头的自由，很容易变成"无序"。没有了规律的作息，孩子就很容易陷入"今天不做，明天再做"的循环。为了帮助孩子克服作业拖延症，父母可以尝试以下的方法。

第22招 番茄钟时间管理法

父母可以让孩子用番茄钟定时，孩子每做25分钟作业后，可以休息5分钟，在这5分钟内孩子可以起来活动一下，做点和学习无关的事情，比如喝水、上厕所等。5分钟过后孩子就要继续做作业，25分钟后再休息，直到完成当日的作业目标。番茄钟让孩子在写作业和休息之间找到一个平衡点，最大效率地完成作业，保证孩子在25分钟内注意力的高度集中，不去想其他事情，时间到了就准时休息。

借助番茄钟之类的工具，可有效提高孩子单位时间专注度。如果孩子较小，或者专注力较差，父母可根据孩子的具体情况设定对应的专注时间，比如从15分钟开始，逐渐延长到20分钟，25分钟，每次时间延长，父母都要及时给予孩子表扬和肯定，强化孩子自我管理的信心。

第23招 让孩子自己制定作业计划

　　父母可以把写作业的责任交给孩子，让孩子自己决定先写什么后写什么，陪孩子一起制订一张"作业计划表"。父母只在必要的时候给出提醒和建议，不过多地干涉孩子。在作业计划表完成以后，父母应适当地监督孩子，给予孩子鼓励，确保孩子可以真正地执行自己的计划。

　　为了保证作业计划的可操作性，父母在检查孩子作业的时候，还可以带着孩子一起复盘整个计划，根据孩子完成作业的情况，和孩子一起讨论如何调整计划中不合理的部分。

第24招 写作业前约法三章

　　父母可以找个周末，和孩子一起开个家庭会议，约定好孩子每天写作业的起止时间。比如约定好晚上 7 点到 9 点是写作业的时间，这段时间一过，即使没有写完作业也要停下来，等明天才能写，让孩子知道时间不等人，以及时间管理的重要性。

　　在孩子写作业之前，父母可以与孩子订立如下三条基本规则。

　　1.十分钟内解决喝水、去厕所之类的问题，然后坐下来学习 40 分钟，像上课那样不能离开座位，40 分钟后可以休息 10 分钟再继续下一项作业，直到作业全部做完为止。

　　2.书桌上没有与作业无关的物品，只专注于做写作业这一件事。

　　3.写完作业后，可以按照约定做自己喜欢做的事情。

"一听就会，一做就废"，怎么办

园园的理解能力很强，课上老师讲的题她一听就会。可是等到自己写题时却总是无从下手，很多知识点她明明都知道，却很难应用到自己的解题思路上。

很多孩子平时上课时，老师讲题，一听就会，轮到自己做题，一做就"废"。尤其是到了考试，明明自认为已经掌握的知识点还是会丢分，让孩子本来就不高的分数"雪上加霜"。这种现象其实不奇怪，因为"听懂"并不能和"做对"完全等同。

听懂，是对知识的初步理解，也是一个被动接受的过程，对于刚接触到的新知识，很多孩子理解并不是很透彻；做题，是对知识的运用，考查的是孩子运用知识解决问题的能力，其难度要比听懂大很多。"听懂"只是学习的第一步，并不等于"学会"，更不等于"会做题"。

学习过程的完整闭环

学习过程的完整闭环包括三个步骤："输入消化""内化输出""复习强化"，三者缺一不可。所谓的"一听就会"，其实是输入消化的过程，老师的讲授是"输入"，孩子跟着老师的节奏边听边思考，听懂了就是"消化"。如果"消化"完了就不再管了，孩子就少了"内化"和"输出"的过程，出现做题"一做就废"的情况。

如果孩子课上听懂了，下课趁热打铁去整理笔记，理顺解题思路，完成"内化"的过程，当天再抽出时间做同样的题巩固练习，完成"输出"的过程，并且能够时不时地回头复习一下，一个月内复习两到三次，通常就能实现学习过程的完整闭环，真正掌握新学到的知识。

很多孩子听课时很认真，一步步跟着老师做笔记，但这些都不是最重要的，最重要的是要理解老师对知识点的分析，对解题思路的分析，并在下课后第一时间回顾解题思路。如果有卡壳的地方，说明孩子还没有完全理解透彻这一知识点，这个时候就要重点标记，认真分析，必要时可以询问老师或同学。

还有哪些方法可以帮助孩子有效解决"一听就会，一做就废"的现象呢？

第25招 课后"三遍法"

第一遍，回想老师上课讲的内容，总结知识框架和解题思路；第二遍，合上书本和笔记，回想课本和笔记的内容和重要知识点，必要时可以和同学或自己复述一遍；第三遍，通过练习相关题型进行知识点的应用和巩固。

做题时，第一遍，要弄懂这道题，知道怎么做，答案是什么；第二遍，要分析这道题所有涉及的知识点，了解题目是如何联结运用知识点的；第三遍，独立完整地做一遍类似的题，看看是否还有知识盲点。

第26招 大量练习

将所学知识点转化为实际的应用能力，需要通过大量的练习来实现。孩子在做练习题的时候，要充分联系和应用所学知识来解题，练习后要及时整理复盘，通过类比找出同类型题目之间的差别，理解各种题型的突破口并做好总结，掌握出题的规律。这样一来，孩子在考试的时候自然得心应手。

孩子刚开始练习时，要从基础题入手，以课本上的习题为准，反复练习打好基础，再找一些课外的练习题来做，从而开阔思路，提高分析和解决能力，掌握一般的解题规律。

对于一些易错题，孩子可备好错题本，将自己的解题思路和正确的解题过程放在一起进行比较，找出问题所在，及时更正和反思。

第27招　多问几个为什么

从经验来看，善于提问的孩子往往比单纯听讲的孩子更熟悉课业内容，对知识的理解也更深刻。因此，鼓励孩子提问，可以让孩子通过发现问题来更好地掌握知识。

平时，父母可以多让孩子问"为什么"。比如学习到一个新的数学公式时，父母可以引导孩子想一想这个公式是如何建立的，有什么作用，以及如何在实际解题中进行运用；当孩子在做某道题时，父母也可以引导孩子想一想这道题为什么要这样解，还有没有其他的解法。

如果孩子觉得没什么问题可问了，父母不妨多鼓励孩子进行广泛阅读，以增加知识储备。当孩子涉猎的知识面越广，学到的东西越多时，就越能发现问题、提出问题并解决问题。

对于不擅长提问或者不敢提问的孩子，父母要鼓励他克服内心的羞涩和胆怯，敢于开口向同学或老师提问，从而把心中疑惑解开。

如何培养孩子复习的好习惯

　　子皓每天一做完作业就不见了人影，一让他复习就找各种理由推脱，不是作业多没时间，就是上课太累不想复习。

案例分析

孩子懒得复习，是因为他们觉得复习会耽误时间，如果把时间和精力花在复习上，作业就写不完了。有这种想法其实是因为孩子不懂"磨刀不误砍柴工"的道理。

所谓复习，其实就是把上课没记住知识的重新记一遍，把不熟练的重新练一遍，把老师讲的内容再在头脑中放映一遍。复习所花的时间和精力，比完全忘记后重新学习所花的时间和精力要少得多。由于课堂上学习的时间有限，每天学的内容也较多，孩子很容易被各种各样的信息干扰。如果课后孩子能进行有效的复习，对所学的知识多进行理解和思考，就能更好地把书本上的知识变成自己的知识。

常见的复习方法

有些孩子看似做到了写作业前复习，但他只是简单地看一看，基本上没什么复习效果，自然也没什么收获，于是慢慢地就懒得复习了。这其实是复习方法的问题。复习的方法有很多种，常见的有如下几种。

一是及时复习法。人对于刚学过的东西总是很容易忘记，孩子每天在学校都会学习一些新知识，先复习当天所学的内容，复习后再做作业，能帮助孩子加深对知识记忆和理解。

二是分散复习法。心理学家经过实验证明，分散复习要比长时间的集中复习效果更好，而且这也更符合孩子的身心发育特点。因此父母可以将要复习的内容，分成几个部分，在不同的时间段让孩子复习。

三是查漏补缺法。让孩子把平时作业或者试卷中出现的错误单独复习，重点梳理和学习相关知识点和薄弱环节，确保不再犯同样的错误。

孩子懒得复习，很多时候是因为复习的过程枯燥乏味，孩子没有兴趣和动力主动复习。父母不妨尝试以下的方法，把学习变得简单且有趣一些，让孩子爱上复习。

第28招 和孩子一起回顾当天所学知识

在孩子写各科作业前，父母可以和孩子一起温习今天学习的内容，简单梳理一下知识点，这不需要太长时间，三五分钟即可。

与孩子一起复习的时候，父母首先要确保学习空间是安静舒适的，并让孩子提前准备好必要的文具和课本；然后，父母可以让孩子对照着课本复述一遍今天学到的知识，主动了解孩子的学习进度，及时答疑解惑；最后，针对孩子的实际情况，父母可以引导孩子制订可行的学习目标，同时，父母要肯定孩子的努力和进步，给予孩子正面反馈和鼓励。

第29招 让孩子当"小老师"巩固所学知识

有位父亲，他有两个孩子，一个考上了清华大学，一个考上北京大学，别人问他是怎么辅导孩子功课的，是不是有什么绝招？他却憨厚地笑道："我没什么文化，就让孩子每天放学回家后，把老师讲的内容再和我讲一遍，我有听不懂的就问孩子，如果孩子也没弄懂，他就会在第二天去问老师，完全弄懂了再回来告诉我。结果，孩子学习的劲头特别强，每天最开心就是回来给我讲课，哪怕别的小孩在外面玩得热火朝天他也不羡慕。就这样，孩子的学习成绩从小学到高中一路攀升。"

如果孩子懒得复习，就让孩子当"小老师"，将今天学到的内容给父母讲一遍。如果出现卡壳的地方，父母可以让孩子看下书然后再讲，直到孩子讲得比较流畅，能够将知识点解释清楚为止。孩子当"小老师"的过程本身就是一个复习的过程，这种方式也能让孩子获得满满的学习动力和成就感。

第30招　利用遗忘曲线安排复习计划

德国心理学家艾宾浩斯研究发现，人们在记忆新信息后，最初遗忘速度很快，之后逐渐趋于缓慢。根据这条记忆规律，父母可以帮孩子制定更为合理的复习计划，即孩子在初次学习新知识后，在短时间内进行多次复习，然后逐渐延长复习间隔。

让孩子将需要记忆的关键知识点写在便于携带和翻阅的卡片上，如定义、公式、英语单词等，每次复习一部分卡片，逐步增加复习的难度和数量，并根据艾宾浩斯遗忘曲线原理，在特定的时间点，如学习后的第1天、第2天、第7天、第15天、第30天、第90天进行复习。科学的记忆方法不仅能帮助孩子轻松应对复习任务，还能显著提高孩子的记忆效率。

如何培养孩子主动预习的好习惯

菲菲每次写完作业后就去玩了，从来不预习。妈妈让菲菲预习完再玩，菲菲始终不以为意，随便看两眼就说已经预习过了。

案例分析

　　预习是指学生在正式上课之前，通过自学的方式，对即将要学的内容进行初步的了解和理解的过程。孩子懒得预习，很多时候是因为他们不明白为什么要预习。

预习的意义

　　首先，预习可以有效地提高课堂效率。通过预习，孩子可以提前了解新课的内容，对新知识的概念和框架有一个大致的了解，减少课堂上的困惑，从而提高孩子听课的积极性和目的性；其次，预习可以帮助孩子提前发现自己的薄弱点，使孩子重点留心老师课上对这部分的讲解，从而帮助孩子攻克这些难点；最后，预习是发现问题、独立思考、自主探索的过程，在这个过程中，孩子能逐渐学会运用已有知识去分析和解决问题，从而培养自主学习的能力。

对预习的误解

　　很多孩子的预习之所以没有效果，是因为陷入了以下两个误区。

　　一是认为只要把书都看一遍就算预习了，因为反正老师上课还会讲。但这种预习其实只是走马观花，很难起到作用。

　　二是认为要把所有的知识点都弄懂才算预习。这样不仅会加重孩子的学习负担，还会让孩子对上课失去兴趣。事实上，预习的本质是为了孩子能更有针对性地听讲。孩子只需要知道下一节课的主要内容是什么，哪部分是自己不懂的，然后带着这些疑问在课堂上寻找答案即可。

孩子刚开始预习的时候，往往会因为不知道如何预习而应付了事。因此，父母一定要耐心地引导孩子，让孩子掌握具体的预习方法，并养成良好的预习习惯。

预习一般分为这样几个步骤：浏览一遍要学的内容，标记自己认为有难度的地方；逐字逐句朗读或理解课本内容，加深记忆，找出没有注意到的重点和难点；联系新旧知识，思考所有标记的地方；利用各种教辅材料帮助自己思考和理解；把经过思考仍然难以理解或无法解决的问题记录下来，方便上课时有针对性地听讲。

第31招 带着问题去预习

陈毅元帅小时候学习成绩很好，名列前茅。有一次，他一边烧火做饭一边看书，结果不小心把饭给烧煳了。陈毅的妈妈气得要打他，这时老师刚好来家访，看到这一幕，赶忙劝阻。老师接过陈毅手里的书一看，是一篇还没教过的课文，但陈毅已经用笔在上面圈圈点点做了很多标记。老师好奇地问陈毅这些符号是什么意思，陈毅说："打圈圈的是懂的，打半圈的是不太明白的，等听老师讲明白了再打圈圈，打墨点的则是生字……"原来每次听课前，陈毅都要把新课文预习一遍，把不懂的词句画出来，等听课的时候再格外留意。这就是陈毅被人夸"小神童"的秘诀。

父母要让孩子一边思考一边预习，同时学会总结，敢于质疑书中的内容，必要时可以将疑惑记录下来。比如，父母可以多问问孩子："这句话为什么要这样说？""这个定律为什么是这样的？""整篇课文想要表达什么？"

让孩子思考一番后，第二天带着问题去听课，收获会更大。

如果孩子懒得给自己提问题，那么父母可以创建一个问题表格，让孩子根据课本内容将答案写在表格里。提前为孩子设置好问题，可以让孩子更有目的地进行预习。另外，父母还可以做一些简单的预习笔记来说明新课的重难点，让孩子在课本上画出相关的概念，圈出不理解的地方。

第32招　不同的学科要采用不同的预习方法

孩子在预习的时候，要根据不同的学科特点，抓住预习的重点，采取不同的预习策略。

孩子在预习语文时，首先要通读整篇课文，包括学习和理解课文的学习目标、课文的注解，以及一些课后习题等，同时画出生字、生词以及一些不太好理解的句子；随后，要分析和思考课文的段落大意、中心思想以及表现手法等内容，并与老师第二天的讲解进行对比，从而加深对课文的理解。

孩子在预习数学时，要重点记忆和理解课本里的定律、公式、概念等内容，然后通过做题的方式检验预习的效果，进一步加深对知识点的理解。数学知识的连续性较强，孩子一旦有不明白的概念和原理就一定要记在本子上，重点学习，并且做好配套的练习。

孩子在预习英语时，要分为单词的预习和课文的预习。对于英语单词的预习，孩子可以先看看课后的单词表，然后在课文中圈出自己不懂的单词，方便重点学习。在预习英语课文时，孩子可以用笔画出习惯用语、固定搭配、句型等，尝试翻译课文，并把翻译不出的句子记录下来。

推一下走一步，如何引导孩子完成自主学习

 情景展现

朗朗在学习上非常被动，妈妈催才会学，不督促就磨磨蹭蹭，甚至干脆懒得学。妈妈讲了很多道理，朗朗嘴上答应了，转头又是老样子。

孩子需要父母推一下才肯走一步，不想学，只想玩，很多父母觉得这是因为孩子没懂得"读书的意义"，于是经常现身说法，比如："不好好学习，没学历，将来找不到好工作""不好好读书赚辛苦钱"等。但是在孩子眼里，学历是什么，赚辛苦钱又意味着什么，他们对此并没有明确的概念，自然很难听进去。

父母与其向孩子灌输成年人的利弊考量，不如试着站在孩子的角度，与孩子一起思考学习到底是为了什么。比如"如果不认识字，在生活上会遇到什么问题？""如果爸爸妈妈不工作，家里又会变成什么样子？"只要父母能够与孩子平等地对话，巧妙引导，善于想象的孩子总能用自己的方式，找到学习的意义和动机。

唤醒内驱力

美国心理学家德西和瑞安在"自我决定理论"中提到了人的三种心理需求：自主感、胜任感和归属感，这三种基本需求能促进人的内在行为动机。自主感即"我能做主"，是指能够主宰自己的行为；胜任感即"我能做到"，是指对自身能力的肯定；归属感即"我被在意"，是指来自他人的关爱和支持。"自主感"其实就是一种"内驱力"，它在很大程度上能决定"胜任感"和"归属感"的满足。

想要孩子"自主学习"，最重要的是要唤醒孩子的"内驱力"。如果孩子有足够的内驱力，那么他们就会有计划性，不必催促孩子就会主动完成学习任务，即使是遇到有难度的事情，孩子也能够及时调整心态，想办法去解决。

给父母支招

第33招 设定明确的学习目标

父母可以利用"SMART"原则，指导孩子设定具体的、可衡量的、可达成的，且具有相关性和时限性的学习目标。设定好学习目标后，父母还要与孩子一起定期回顾目标的完成情况，及时总结经验教训，调整后续的目标计划。

设定的目标越具体越好。比如设定具体的学习成绩目标"期中考试我要进入班级前十名""今年放暑假前，数学我要考到95分以上"而不是简单的一句"这学期我要考个好成绩"。

学习目标的完成度要可衡量。比如设定英语学习目标"新学期我要记住200个英语单词，每天掌握4个，每周掌握20个，10周可完成。"

学习目标要通过努力后才可达成。比如，现在写一页计算题需要15分钟，可以制定目标"下次写一页计算题，要在10分钟内完成"。

选择对个人成长很重要的目标。孩子可以对一段时期内的目标进行优先度排序，集中精力去实现1个到2个比较重要的目标，比如设定数学成绩目标：因为数学比较差，经常不及格，下次考试争取成绩及格；设定阅读成绩目标：因为阅读能力对很多科目的学习都很重要，要做到在考试中不因错误理解题意而扣分。

同时，孩子还要给目标的实现限定期限，制造完成目标的紧迫感。比如"周日晚上8点前，我要把这首诗背下来"，而不是"这周我要把这首诗背下来"。

第34招 让学习内容变得有趣

父母可以观察孩子的兴趣爱好和特长，尝试将学习内容与孩子的兴趣点结合起来。

如果孩子喜欢画画，那么父母可以引导孩子通过绘画的方式，表达对数学概念的理解；如果孩子喜欢唱歌，那么父母可以鼓励孩子将要背诵的古诗，通过演唱的方式记忆下来；如果孩子喜欢阅读，那么父母可以鼓励孩子通过阅读课外书的形式，加深和拓展对课本内容的理解……

当孩子对学习的内容产生浓厚兴趣时，就会更加主动地投入时间和精力去探索、去学习。

第35招 口头和物质的正面激励

一是及时表扬和正面反馈。当孩子取得进步或完成一定的学习任务时，父母要及时给予孩子肯定和表扬，对于孩子的行为结果给予正面反馈。

比如"虽然作业写得慢，但你的正确率高""虽然有些题你还不会做，但是基础题都做对了""虽然你的字迹不是很整洁，但是每次作业都按时完成了"等等。

二是设立奖励机制。父母可以根据孩子的实际情况和学习目标的完成情况设立合理的奖励机制。对学习习惯较差的孩子，父母可以先制定一些稍微做出一点改变就能马上得到奖励的机制，等到孩子对奖励机制感兴趣后，再要求孩子付出更多努力，去实现更大愿望。

Part
3

懒得动脑，如何提高孩子的独立思考能力

　　孩子最大的"懒"，是懒得思考。当孩子的大脑不愿意或者不会去调动各个感官共同工作时，孩子一遇到问题自然就束手无策。父母想要让孩子勤于动脑，就要锻炼孩子的思考能力，一点一点去改变孩子的思维习惯。

记笔记很认真，成绩却很一般，怎么办

情景展现

　　佳佳学习很努力，笔记做得非常认真，也很详细，笔记有满满几大本，笔记内容书写工整，逻辑清晰，但佳佳的学习成绩却很一般，始终在中下游徘徊。

孩子上课笔记做得很认真，但成绩却很一般，这通常是因为孩子记笔记的方法不对。

记笔记影响听课

课堂上，老师会在有限的 45 分钟里教授新知识，这段时间可以说是学习的黄金 45 分钟。如果在这段时间里，孩子只顾着埋头记笔记，往往无法及时、准确地理解老师所讲的内容，这严重影响了孩子的听课效率。错过了听课的黄金时间，孩子也就失去了最佳获取和理解知识的渠道，即使课后花再多时间进行补救，也很难达到理想的效果。

记笔记的目的

工整好看的笔记虽然能增加视觉上的愉悦感，但不是记笔记的核心目的，记笔记的主要目标是为了帮助孩子学习。通过笔记记录课堂上的重点知识，可以帮助孩子在课后复习时更容易回忆起课上的内容，减少遗忘。整理课堂笔记还可以帮助孩子系统地梳理知识，形成自己的知识网络，从而提高孩子学习效率。

记笔记的三个误区

很多孩子记笔记存在三个误区。一是照抄板书，抄完就算了，孩子工工整整的笔记上，一点自己思考和整理的内容都没有。这样做其实并不能有效地帮助孩子理解和记忆知识，因为板书只是知识点的浓缩，更重要的是理解其内容背后的逻辑；二是从来不回顾笔记，也不更新笔记，更不用笔记进行复习和巩固，这样"一次性笔记"，使得课堂笔记的"性价比"极低；三是过于纠结笔记书写是否整齐，格式是否美观，在孩子不停调换彩笔、调整笔记格式时，老师已经把很多课堂重点讲完了。

只有正确记课堂笔记，才能提高课堂效率，否则只会本末倒置，得不偿失。那么，孩子具体要如何做呢？

第36招 ▶ 课上记重点

孩子在课堂上要以听为主，要集中精力去理解老师的讲解，以记笔记为辅。

记笔记不追求面面俱到，只记重点和方便自己理解和查漏补缺的关键性内容，并不需要一字不落地记下老师所有的话，也不需要记下老师的一整句话，只需要记下一句话中的重点词即可。

父母可以教会孩子在课堂上注意重点出现的时机：当老师的声音开始调高时，意味着要讲重点了；当老师开始敲桌子或者敲黑板时，意味着重点内容开始了；当老师重复某个内容时，这肯定是重点。

上课时间紧，任务重，父母应该告诉孩子在课堂上记笔记只需要记重点和难点即可，没记完的内容可以下课后再补充，切忌因小失大。

第37招 ◀ 学会记框架

课堂上，老师会将书上零散的知识点组合串联起来，形成完整的知识框架和体系。父母要教会孩子如何跟着老师思路，用重点词汇记下知识框架，课后再根据自己的理解，或其他同学的笔记进行补充和完善。

特别是在理科的学习中，孩子要重点记下老师推导公式的思路框架，以及解题技巧，而不是只记录课本上已有的知识点和概念原理。

第38招 ◀ 用缩写和特殊符号速记

父母可以让孩子在记笔记时用通用符号代替常用文字，如 "="（等于）、"≈"（大约）、"→"（结果）、"←"（原因）、"↑"（增加）、"↓"（减少）、"*"（重点）、"&"（和）、"∵"（因为）、"∴"（所以）；用字母缩写代替常用词语，如 "e.g."（举例）、"p.s."（附注）、"Q"（问题）、"A"（答案）、"etc."（等等）。此外，孩子还可以用红笔画方框、圆圈、下划线等符号，标记不同程度的重点。

需要注意的是，课堂笔记的符号系统是为了节省宝贵的听课时间，孩子最好能形成一套比较稳定的符号系统，以免加重记忆负担。孩子在课堂笔记中所使用的符号可以根据个人习惯和记忆特点专属定制，只要孩子在复习的时候能够更快地识别重点，提高笔记效率和记忆效果即可，不需要过于复杂或花里胡哨。

拿什么拯救沉溺于"假努力"的孩子

昂昂每天看起来非常努力地学习，别人在玩，他在做题，别人在睡觉，他还在挑灯夜战。可不知为何，昂昂的成绩却一直上不去。

"假努力"指的是孩子看似在"努力"，实则在"演戏"。有的孩子为了逃避父母的唠叨和责问，无师自通了一门"精湛的演技"：父母在时，孩子会"全身心"地投入学习，让父母以为他们很认真很自律，不用担心；父母离开时，孩子就放飞自我，扔下书本，纵情玩乐。还有的孩子看似一直坐在书桌前用功学习，实际上他早已神游外太空。

要想分辨孩子是在"真学习"还是在"假努力"，父母不妨先看看孩子有没有以下几种典型表现。

一是注重表面功夫。这样的孩子做事敷衍，缺乏真正的热情和动力，只会为了完成任务做一些表面功夫，而不是深入学习；只为在别人面前塑造一个努力学习的形象，而不是为了真正掌握知识；习惯依赖他人，拿着别人的笔记抄一抄，或者直接让别人告诉自己答案，不会进一步思考和研究解题的思路和方法。

二是没有明确的学习目标。这样的孩子从不分析错题，也不管扣分点在哪里，更不会关心周围同学考试的得分；虽然孩子可能会花费大量时间学习，但他们却缺乏明确的学习目标，也不在乎自己的学习效果和考试成绩，在他们眼里，考试只是一种解脱，而不是检验学习成果的有效方式。

三是喜欢耗时间。这样的孩子可能会经常学习到半夜，喜欢用学习时长来表明自己的努力程度，并习惯用做作业或刷题的数量来证明自己的刻苦，但实际上根本就没学进去。

"假努力"一般有这样几种表现方式：一是反抗型假努力，即孩子因为逆反

心理表现出来的伪装，并不是真心愿意学习；二是无目标假努力，即孩子把时间消耗在一些没有明确目标的事情上，他们看起来很忙乱，但这种忙乱实则没什么价值；三是回避型假努力，即孩子因为逃避责任或不愿意看到糟糕的结果，而表现出拖沓或拉长学习时间的行为；四是能力不足型努力，即孩子因为自身能力不足，为了安慰自己而表现出来的一种假努力。

不管是哪种形式的"假努力"，都是一种虚假的学习状态。对于孩子而言，这种学习状态的效率是极低的，即使学习时间再长，最终也只是耗时耗力，很难得到想要的进步。那么，父母究竟要拿什么来拯救沉溺于"假努力"的孩子呢？

第39招 让孩子计划好每天的学习任务

父母可以让孩子提前做好详细计划，让孩子明确先学什么后学什么，什么时候开始学，什么时间节点要完成什么任务，一天总共要完成多少任务等，引导孩子提前做好学习规划，避免拖拉磨蹭。比如孩子要明确早上几点起床，几点开始晨读，晚上花多长时间做作业，做完作业后花多长时间温习功课、整理错题等。

节假日的学习计划要做得更详细，父母要引导孩子合理安排学习和休息的时间，帮助孩子养成良好的作息习惯。当孩子在学习的时候，父母要对一些可能影响孩子学习效率的干扰项目做好物理隔离，比如电视、手机、零食、玩具等。另外，孩子在假期有大量可自由支配的时间，父母要注意避免孩子因为沉迷于电子产品或其他娱乐项目而打乱学习生物钟。

第40招 用检查代替询问和唠叨

父母要在行动上重视孩子的学习，而不是一味地口头教育孩子，只用唠叨和询问表示关心和督促。

父母可以读一读孩子写的文章，品一品孩子画的画，考一考孩子背会的单词，翻一翻孩子的卷子，检查孩子的作业、假期辅导班上的讲义，看看有没有圈画的痕迹。对于孩子做错的习题，父母可以问问孩子有没有总结经验教训，是否掌握了解题的思路。父母积极参与孩子的学习过程，定期询问孩子的学习进展，可以更有效地促进孩子的学习和发展，让孩子感受到父母的关心和支持，从而激发孩子的学习热情和动力。

第41招 限时完成作业

父母可以协助孩子列一张时间表，让孩子在限定的时间内完成各项作业。父母可以提前准备好计时器，模拟考场环境，孩子写作业时，不翻书不看答案。准时提醒孩子，督促孩子在规定的时间完成规定的作业任务。这样孩子不仅可以专注高效地完成作业，还能掌握考试答题的速度和节奏。

孩子不能举一反三，思维能力弱，怎么办

豆豆的妈妈在厨房忙着做晚饭，发现没有主食，便让刚放学的豆豆去楼下买两个馒头。

生活中不少孩子会出现这种不懂变通的行为，尤其是在学习上。和老师刚讲得一模一样的题目，孩子能做出来，但只要稍微变换，例如将某个条件隐藏了，孩子立马就无从下手了。这说明孩子的思维能力弱，没有"举一反三"的能力。

孩子不会用学过的知识解决新问题，没法做到"举一反三"，很多时候是因为孩子只是听明白了答案，并没有经过大脑认真思考，也没有真正掌握这一类问题的解答方法。孩子只是单独记住了每一个知识点，但是对于知识点的理解并不够透彻，也缺乏必要的串联能力。因此当孩子遇到一个新问题时，往往就很难运用所学知识去解决。

"融合思维"

"融合思维"是指把一个已知领域的知识迁移到一个不熟悉的领域，然后通过规律高效学习的一种思维方式。具有融合思维的孩子，通常都能轻松地做到举一反三，触类旁通。

融合思维实际上是一种认知的连接能力，其内在表现是大脑神经元之间相互无障碍连接的可能性，外在表现则是孩子的想象力和联想的能力。融合思维发展得较好的孩子，不仅能在学习新知识时，懂得利用旧知识进行承接，还能在生活中或学习中很好地运用思维能力来提高效率。孩子的融合思维并不是一蹴而就的，需要父母长期地有意识地进行培养。

　　"举一反三"的前提是吸引孩子的注意力，首先，父母平时可以多向孩子提问，充分开拓孩子的好奇心和想象力，激发孩子更多的探索欲望。其次，父母还需要培养孩子的逆向思维和创新能力，给孩子一定的自由度，允许"怪行为""怪念头"，鼓励孩子不盲从，养成独立思考的习惯。

　　此外，父母还可以通过游戏的形式对孩子进行一些思维训练，提升孩子的思维能力。

第42招　培养逆向思维的小游戏

　　父母平时可以通过一些小训练、小游戏来培养孩子的逆向思维，从而提升孩子思维的敏捷度。以下有几种小游戏可供参考。

　　"反口令"游戏：这是一个行为与口令相反的游戏，比如父母说左，孩子就要举起右手；父母说站起来，孩子要蹲下；父母说哭，孩子要笑；父母说摇头，孩子要点头等等。

　　镜面时钟游戏：父母制作一个可以拨动时针和分针的时钟，让孩子在镜子中观察时钟的影像，并说出准时时刻。

　　句式转换训练：在日常对话中，父母将主动句式转换为被动句式，让孩子习惯从不同角度思考问题。

　　改编经典故事：父母引导孩子将经典的童话故事或绘本故事，从不同的角度进行改编，让孩子发挥想象，重塑和改编故事，以此培养孩子多角度思考问题的习惯。

第43招 培养观察力和记忆力的小游戏

针对基础思维能力相对较弱的孩子，父母可以先通过"找不同""记忆卡片"等简单的游戏和活动来培养孩子的观察力、注意力和记忆力，让孩子学会仔细观察事物的细节，提高注意力，从而增强孩子的记忆力。

比如拼图比赛，父母与孩子一起进行拼图比赛，看谁能在最短的时间内完成拼图。在比赛的过程中，孩子会不断地尝试不同的方法，并最终找到最有效的策略，从而锻炼了孩子观察能力和空间想象力。

第44招 培养逻辑思维能力的小游戏

父母可以通过和孩子玩"数独游戏""解谜游戏"等方式，让孩子学会思考问题的逻辑关系，探究问题的关键所在，从而找到解决问题的办法。这一过程可以有效锻炼孩子的逻辑思维能力以及分析和解决问题的能力。

此外，培养孩子逻辑思维的小游戏还有找出丢失的扑克牌游戏，即父母准备一副扑克牌，将1到10的同花色牌打乱顺序，然后让孩子闭眼，父母随机藏起一张或几张牌；父母藏好牌后，孩子睁眼，并让孩子指出少了什么数字的牌。

数字解谜游戏，即父母给出一些数字线索，如"这个数字比15大，比25小，且是7的倍数"，让孩子通过推理找出正确答案"21"。

做错的题一错再错，如何教会孩子总结复盘

情景展现

果果经常做错题，即使妈妈在辅导功课时教过正确的解法，果果也表示听懂了，可是下次遇到同样的题，果果还是会错。

这道题要这样解……

嗯，懂了。

整理到错题本上，再做一遍。

4小时后，甲可以追上乙……

这题不是前两天刚讲完，怎么又错了？

两天后

孩子做错的题总是一错再错，甚至将错题抄到了错题本上，及时进行了纠正，也还是不能避免再次出错。孩子之所以会犯同样的错误，可能是因为他们并没有真正理解题目的意思，对于错题只是机械地记住了答案，并没有真正掌握解题思路和相关知识点，稍微改变问题形式，孩子就无法得出正确答案；也可能是因为孩子没有进行足够的练习和复习，忘记了之前学过的知识，导致再次犯错；还可能和孩子做题时的心态和情绪有关，当孩子感到紧张和焦虑时，曾经做错的题就会更容易再次出错。

事实上，培养好孩子的"复盘思维"就可以有效解决"一错再错"的问题。

"复盘思维"

"复盘"这个词最早指的是棋手在对弈结束后复演棋局，分析双方优劣势和得失的棋类术语，通过回顾下棋时"走"的每一步，来思考为什么这么"走"，以及接下来该怎么"走"，从而精进棋艺。"复盘思维"就是一个重复演练，回顾过程，分析成败原因，总结经验教训，并将失败点铭记于心，避免再次失败的过程。

"复盘思维"可以有效降低"思维定式"的影响，避免犯重复的错误，犯低级的错误。在不断地复盘中，孩子会清楚自己的思维误区，避免一错再错。

"复盘思维"可以让孩子及时发现自身的不足，不让问题"过夜"，帮助孩子全面掌握知识点，避免孩子"囫囵吞枣"的同时，还能避免孩子过快地遗忘知识点。

"复盘思维"可以"治疗"孩子的思维懒惰。孩子在复盘的时候进行反思，可以有效地将知识转变为可运用的解题能力，培养孩子主动思考的习惯，让孩子在做题过程中提取、总结并掌握多种思维方法。

给父母支招

　　避免孩子做错的题一错再错，复盘总结很重要，最常见的一种方式就是整理错题集。很多勤奋且听话的孩子喜欢将错题集整理得非常工整漂亮，使人一看就知道花了很多心思。然而，这些孩子几乎从来不看错题集，因为错题集的内容太多了，压根看不过来。

　　这种错题集最大的问题是，错得越多积攒得越多，越是普通学生或学习较差的学生，利用错题集的负担越大，效果也就越差。对他们而言，整理错题集无疑是一项巨大的工程，仅仅是抄录就已经耗费了所有心力，根本没机会和精力再去翻阅。这样一来，就失去了错题集本来的意义。

　　那么，还有哪些切实有效的方法可以帮助孩子复盘总结，避免一错再错呢？

第45招　遮住答案再做一遍

　　很多孩子只是翻看一遍错题，既不遮住答案也不重新计算，这就很容易造成一种"我已经会了"的错觉。

　　父母可以让孩子拿出一张白纸遮住答案，如同第一次遇到这道题一样，将做错的题重新做一遍，如果孩子能完整无误地做出，才说明是真正掌握这一知识点了。

　　如果时间允许，父母也可以多选一些类似的题目让孩子练习，加强孩子对新知识的理解和应用，父母还可以引导孩子尝试用不同的解题方式对这些题目进行解答和验证。

第46招 正误对比，找出差异

　　在改正一道错题时，孩子不仅要知道正确答案，还要知道自己究竟错在哪里，要清楚出题老师设置的"陷阱"在哪里，题目的"套路"是什么，为什么会用这个错误选项"迷惑"考生。孩子可以将正确的解题思路和之前的错误思路进行对比，找出其中的差异，总结经验教训，认清题目的"陷阱"所在。

　　在改正一道错题后，父母可以让孩子与同学结成两人小组，互相讲解，让同学帮忙检查孩子对题目的理解是否还有欠缺，发现问题后孩子可及时向老师寻求帮助；父母还可以在一周后将这道错题的数据换一下，让孩子再做一遍，帮助孩子彻底掌握这类题目的解法。

第47招 每天对错题进行复盘

　　父母可以引导孩子给错题做好标注，每天找一个固定的时间，比如写完作业后的半个小时，和孩子一起复盘当天标注的错题和难题，在孩子弄清楚错误的原因后，让孩子把该背的知识点背好。

　　父母还可以以每周，每半个月，每月为周期，和孩子一起定期复盘做过的错题和难题。帮助孩子搞清楚每个障碍点关联的具体知识点，并按照知识框架进行总结，备注好复盘的内容以及需要格外留意的点。尤其是当孩子的错题数量达到一定程度时，就可以把所有错题放在一起批量分析，找出出错的重点原因。

遇到难题就求助，父母别忙着给孩子答案

　　亮亮遇到一点难题，就会喊妈妈过来帮忙，而亮亮的妈妈每次都会第一时间给出答案。

案例分析

小学阶段的孩子，在理解、接受、判断等方面都还处于起步和成长的阶段。孩子遇到难题时，妈妈作为孩子最信任的人，自然就成了孩子寻求帮助的首选。尤其是三年级以后，学习难度增加了，学业负担加大了，但是孩子可能尚未很好地适应这一转变，也还没具备良好的理解和解决问题的能力，自然一有问题就要喊妈妈来帮忙了。

图省事给答案

在孩子频繁的呼唤下，父母可能会感到"心累"，为图省事，常常直接给出答案，甚至干脆帮孩子写出解题过程，好让孩子快点完成作业。然而这种方法是不明智的，因为孩子在做题的时候，解题的方法远比答案重要得多。孩子在解题过程中，思维和能力可以得到锻炼，靠自己努力成功解决问题后的成就感和满足感，远比完成作业的结果要重要得多。

第一时间给答案的后果

有位教育家曾说："即刻的帮助，等于贬低了孩子的智慧。"当孩子遇到难题时，父母第一时间告诉孩子答案，甚至让孩子把解答过程抄一遍就交作业，时间长了，孩子就会养成依赖父母的习惯，不仅会频繁地向父母寻求帮助，还会懒得去思考，甚至懒得去听解答的过程，这将导致孩子的学习能力直线下降。照着父母给的答案，孩子平时作业的正确率奇高，但是当考试中题目顺序改变或者已知条件变换时，孩子顿时就"傻眼"了，而这便是"只知其然不知其所以然"的结果。

孩子所遇到的难题往往来源于已经学过的知识，无从下手可能只是因为孩子一时想不起来，或者是孩子需要一点时间去思考，这个时候父母只需要给孩子一些点拨和引导，孩子就可以很顺利地解决难题。

孩子遇到难题，父母别忙着给出答案，只有让孩子明确知道解题过程，并通过思考形成自己的做题思路，才算真正地"答疑解惑"。那么，父母具体要如何做呢？

第48招 鼓励孩子自己找到答案

下雨了，文文突然问妈妈："为什么先看到闪电，再听到打雷呢？"文文的妈妈没有直接告诉文文那是因为光的传播速度比声音快的原理，她觉得直接告诉文文答案，会让文文失去一次探索的机会。于是文文的妈妈这样对文文说："你观察得很仔细，这点非常好，至于是什么原因呢，我觉得你可以去书上找找答案。"

当孩子遇到不认识的字时，父母可以鼓励孩子先通过查字典寻找答案；当孩子遇到不会的题目时，父母可以鼓励孩子先在书本中寻找答案；当孩子不明白题目的意思时，父母可以鼓励孩子多读几遍题目，通过认真分析题目来寻找答案；当孩子对作业无从下手时，父母可以鼓励孩子先复习再写作业，有实在不会做的题目可以先标记好，等完成所有的作业之后再和父母一起讨论。无论孩子遇到什么样的难题，父母都应该鼓励孩子第一时间尝试自己去寻找答案。

第49招 引导孩子自己思考题目

当孩子遇到难题向父母求助时，父母可以先让孩子复述一下题目，然后引导孩子自己思考："哪个部分让你感到困惑？""你觉得这道题要考查的是书上的哪个知识点？""你试试看这样做行不行？""你觉得有哪些办法可以解出这道题呢？"父母通过阶梯式的问题一步步引导孩子自主思考，帮助孩子更清晰地认识到问题的本质。

此外，父母还可以通过一些趣味性的活动和游戏，激发孩子的好奇心和求知欲。比如组织一次家庭科学小实验，让孩子在动手实验的过程中学会发现问题、提出问题，并尝试着解决问题。这既能培养孩子独立思考的意识，又能锻炼孩子动手和实践的能力。

第50招 对难题进行启发式提问

当孩子遇到困难或问题时，父母可以用"启发式提问"，代替直接给出答案。比如父母可以问孩子："这是个物理现象，你想想是不是有学过？""我们之前好像遇到过类似的状况，你想想当时是怎么解决的？"

当孩子想出一些不成熟的办法时，父母仍然可以用"启发式提问"，提示孩子及时发现不周全的地方，鼓励孩子继续思考，而不是一下子把自己的意见和答案直接说出来。比如父母可以问孩子："你有没有考虑过其他可能出现的状况？""这个方面你有想过吗？"在父母一步步点拨下，孩子能够自己修正原来的方案，顺利地实施计划，解决问题。

培养批判性思维，让孩子终身受益

 情景展现

悠悠一直对书后的"标准答案"深信不疑，她觉得书里的答案是不可能出错的。如果标准答案和自己写的答案不一致，那一定就是自己做错了。

案例分析

孩子习惯于参考"标准答案"，对老师说的话深信不疑，往往是因为孩子迷信权威，缺少质疑精神。诚然参考答案很少出错，但它也只是一种解题参考，并非不会出错，也未必是唯一答案。迷信答案和权威，很容易让孩子思维僵化，变得随波逐流。唯有大胆质疑，培养批判性思维，才能让孩子更好地拥有创新精神和实践能力。

批判性思维通常是指，在认识事情本质和内在联系的逻辑思维基础上，进一步辨别事情真伪的一种思维方式。培养孩子的批判性思维，就是要教孩子学会独立思考，不被唯一或标准答案限制，让孩子能够通过自己的分析和判断，得出合理观点，找到解决问题的最佳方法。

批判性思维的优势

一是有主见，不盲从。拥有批判性思维的孩子大都有主见，在遇到问题时会先独立思考，有自己的观点和想法，不会盲目听从别人的说法。

二是思维活跃。拥有批判性思维的孩子思维都非常活跃、敏捷，能很快找出他人观点中的漏洞和矛盾点，并加以反驳和修正，这些孩子的想法较多，而且倾向于全方位地看待每一个问题，不会轻易下结论。

三是有明辨是非的判断力。拥有批判性思维的孩子往往更善于思考他人观点的客观性和完整性，他们通过不断地思考和总结，获得明辨是非的能力，从而能够做出正确的选择。

四是积极应对挫折的能力。拥有批判性思维的孩子常常拥有发自内心的自信，这种自信可以帮助他们积极地应对任何困难，即使遭遇挫折也不会退缩认输，而是认真思考，并快速找到应对方案。

批判性思维的重点不在于反驳他人的观点，也不在于自我批判，而在于全面了解事实后，通过一系列的提问，找出真相，捍卫或修正自己的观点。那么，父母具体要怎么做才能培养孩子的批判性思维呢？

第51招 尊重孩子的每一次提问

　　歌手陈美玲的三个儿子都考入了斯坦福大学。在孩子还小的时候，不管孩子向自己提出了什么样的问题，她都会停下手里的活，先去回答孩子的问题。即使是正在做饭，陈美玲也会立刻关火，等认真回答完孩子的问题后才继续做，她认为："孩子发问时，永远不要让孩子等一等。"正是因为陈美玲的重视，三个孩子从小都喜欢提问，并在问题中学会思考。

　　父母要认真对待孩子提出的每个问题，即使是一些令人忍俊不禁或者无法回答的问题，也要第一时间耐心地回答，这不仅避免打击孩子提问的积极性，也避免孩子因为注意力的短暂而错过"提问——思考"的时刻。

　　父母在回答孩子提问的时候，要顺应孩子智力发展水平，尽量用孩子能听懂的语言作答。父母可以通过比喻、拟人、观察实物或列举生活中的实例等方式回答孩子的问题，也可以通过"以问代答"的方式，适当地反问孩子，引导孩子的进一步思考。比如，父母这样反问孩子："你觉得可能是什么原因？""我觉得可能是这样，你觉得呢？"

如果遇到自己也不懂的问题，父母可以大大方方地承认，然后和孩子一起去查找书籍资料，教会孩子自己寻找答案的方法和技巧。

第52招　让孩子学会用"5W法"提问

培养孩子的批判性思维能力要从教会孩子提问题开始。在孩子讲述某一件事情的时候，父母可以让孩子用"5W法"多问问为什么，鼓励孩子把事情的前因后果讲清楚，同时把自己的感受和对这件事的结论表述清楚。以下是"5W"的具体内容。

Who，即"这是谁在说？"孩子要明确说话的这个人是熟人、名人还是专家，思考这个人的身份对这件事或这句话重要吗？

What，即"他们在说什么？"孩子要思考这些人说的是事实还是想法？他们说出的内容有客观依据吗？他们说这番话的动机和目的是什么？

Where，即"他们在哪里说的？"孩子要明确这件事发生在什么地方？是私人场合发生的还是在公共场合发生的？在场的其他人是否有发表不同意见？

When，即"事情是什么时候发生的？"孩子要明确事件参与者是在什么时候说这些话，是在事情发生前、发生时，还是发生后？

Why，即"他们为什么会这么说？"孩子要思考事件参与者是否解释了自己的观点？他们是否出于自己的利益而有意美化或丑化一些事实？

懒得努力，如何提升
孩子的执行力

　　孩子懒得努力，遇事只想"躺平"，害怕自己
什么都做不好，这些行为其实是孩子在向父母求助。
父母要多鼓励孩子，帮助孩子克服畏难情绪，引导
孩子认识到努力的真正意义，协助孩子培养自我约
束的能力。

想取得好成绩，却不愿付出努力，怎么办

 情景展现

　　月月回家后总会对妈妈说班里某某同学的厉害之处，又是考满分，又是得奖励的，语气里满是羡慕。可妈妈让月月去努力时，月月又不肯行动了。

很多孩子并不满意自己的成绩，特别希望可以好好学习，获得一个好成绩，他们每次谈及目标时总是信誓旦旦，然而激情澎湃过后却不愿付诸行动。这是因为目标对他们来说太过遥远，一想到要为了一个遥远的目标付出那么多，还要放弃当下的快乐，就觉得不划算。

孩子之所以会有这样的错误认知和不正确的心理期待，通常与他在成长中"过度满足"的经历有关。当孩子期待一个结果或目标时，如果不需要付出就能轻而易举地得到，久而久之，孩子就容易产生这样的认知："我想要的东西，最后总会到我手里"。以至于孩子在设定目标后，只会等待目标的自然到来，却没有意识到绝大多数目标的实现都需要经历"付出辛苦努力"的过程。

高期待孩子

空有上进心，却不愿付诸努力的孩子也被称为"高期待孩子"。这样的孩子一般有以下几个特征：自我期待很高；父母和老师对孩子的期待很高；曾经有过辉煌的经历，或是学习好，或是有其他特长或优点；抗挫折能力差，遇到困难很容易消极怠工，甚至破罐子破摔。

正是因为外在期待和自我定位都比较高，高期待孩子对自己的要求也很高，他们不但想满足所有人的期待，甚至想做得更好。然而期待越高，实际表现却越差，当这些孩子在学习中遇到挫折时，他们会出于趋易避难的本能，选择简单易行的解决方法，如应付式地完成作业、逃避学习等。这种自我矛盾的心理，只会增加孩子的压力和焦虑情绪，使孩子更加没有学习的动力。

给父母支招

孩子学习累了，压力太大了，就会想通过这种"不劳而获"的方式达到所谓的"双赢"：既不用很累又有好成绩。这其实是孩子想掩盖自身懒惰的表现。孩子这样做似乎是在说："我不是不想变好，我只是不想太累"，或者"我没什么大问题，我只是想要更多的快乐而已"，这其实也是一种自我欺骗。孩子在给父母和老师制造假象的同时，也让自己内心得到慰藉。

父母千万不要因为孩子表面的"上进心"而沾沾自喜，父母要在肯定孩子上进心的同时，着重强化孩子的行动力。

第53招 帮孩子建立"付出才有收获"的概念

父母可以通过自己的努力，让孩子看到大人为了目标而不懈努力的过程和结果。父母可以和孩子分享历史上或当下成功人士的故事，尤其是那些经历失败但坚持不懈并最终获得成功的故事，让孩子了解到成功背后的汗水和努力是必不可少的；父母可以利用动画片、绘本中的正面角色，给孩子讲解他们是如何通过努力克服困难，最终达成目标的；父母还可鼓励孩子参与需要努力才能看到成果的活动，如完成一项手工制作、参加一项体育运动、学习一门乐器等。

此外，父母可以让孩子参与家庭劳动或社区服务，体验完成任务所需的辛勤付出，让孩子明白任何成果都需要投入时间和精力。

第54招　给孩子找个合适的榜样

晶晶刚学尤克里里的时候觉得很难，练习起来也很枯燥。于是妈妈就在网上找了一些和晶晶年纪相仿的小朋友，用尤克里里弹奏简单儿歌的视频给她看，她这才愿意继续练下去。之后，妈妈又找了一些哥哥姐姐弹奏晶晶喜欢的曲子的视频给她看，并告诉她，只要每周上一次课，每天认真练五遍，三个月后她就可以像哥哥姐姐那样弹奏自己喜欢的歌曲了。在妈妈的鼓励下，晶晶坚持了下去。

榜样并不是越优秀越好，父母一味拿完美的"别人家孩子"当榜样，只会打击孩子自信心。

在寻找榜样时，父母可以选择和孩子各方面表现相近的，在努力后取得成功的例子，让孩子认为只要自己努力了，也可以取得同样的成就。

第55招　帮孩子设定合理的目标

当给自己制订的目标过高时，孩子很容易执行不下去，制订好的目标也就变成行动的阻力。

父母可以先帮孩子分析他的目标，让孩子适当降低对自我的期待，然后帮助孩子制订合理的目标，这个目标要让孩子"踮踮脚"就能够到。比如平常只能考30分的孩子，父母可以先教他把目标定在60分，而不是90分；平常英语很差的孩子，目标不要定在必须考多少分，而是换成每天背几个英语单词，坚持几天就算完成目标，分数只要比之前高1分就值得被肯定等。

一起制订的计划，孩子不执行，怎么办

情景展现

　　暑假到了，糖糖在放假的第一天就和妈妈一起把"暑期学习计划"制订好了，可是从第二天开始，糖糖根本就不照着计划执行，完美的计划俨然成了摆设。

案例分析

父母和孩子一起制订的计划，执行起来却发现难上加难。面对孩子的"消极怠工"，很多父母往往会做三件事：一催，即对孩子说"快点儿，别磨蹭了"，每天不催促十来遍都感觉对不起孩子，好好的计划硬是变成了孩子的"催命符"；二问，即对孩子说"做完没有""怎么还没做完"，话里满满都是对孩子的不信任；三骂，即对孩子说"整天就知道玩，你怎么这么懒"。父母以为这样是在督促孩子，对孩子负责，可是孩子却觉得父母不关心自己，不爱自己，不理解自己完成任务时的感受。

计划不执行的原因

一是执行难度大。有些计划是一时脑热制订的，要求太高，执行难度过大，超出了孩子的实际能力，孩子就很难继续下去。比如，父母要求孩子每天背三首古诗，这超出了孩子的记忆能力，孩子觉得太难很快就会放弃。

二是内容过多过细。有些父母喜欢把计划列得特别细致，计划的内容太多，又没有变通的余地，孩子就会觉得这是种约束。"三分钟热度"过去后，孩子只会觉得计划枯燥乏味，并产生情绪上的排斥，严重影响执行计划的积极性。

三是监督不到位。有些父母在与孩子一起制订完计划后，就不再关注孩子执行计划的情况，他们认为制订计划的时候已经和孩子商量好了，孩子就没有理由不按照计划执行。然而，孩子的自制力远没有父母想象中的那么高，贪玩是孩子的天性，一旦父母监督不到位，管理太松散，计划就很容易被搁置。

给父母支招

　　越是看似"完美"的计划往往越不利于执行，比如每天早晨 7 点起床背英语单词，8 点吃早饭，9 点做数学题，10 点练字，11 点看绘本……这样的计划过于严苛，也没有区分学习任务的难易程度，很容易让孩子在实际操作中产生"习得性无助"，进而产生"那又如何"的心理效应，即"反正也做不完了，不如再玩会儿吧"的想法，最终导致计划失败。

　　另外，很多孩子在做完"完美计划"后会很容易感到满足，并暗示自己"我已经成功了一半"，然后沾沾自喜，懈怠不前。殊不知在"计划——执行——自律"整个流程中，孩子如果只停留在计划层面，那就是在做无用功。取得成功一定是在付诸实践的前提条件下。因此，父母要及时纠正孩子这种错误认知，引导孩子把精力放在计划的执行上，而不是在制订"高大上"的计划上，避免好高骛远。

第56招　把大计划分成几段来执行

　　帮助孩子制订计划的时候父母要考虑劳逸结合，把整体的计划内容，分散安排在不同的时间段去执行。比如假期孩子计划要读 8 本书，不要具体到一天读多少页，可以作为一个阶段化的目标去进行，比如每周读完一本。父母也不用把计划定得太死，可根据孩子的完成情况不断调整计划。

第57招　尝试一周弹性计划

　　父母可以与孩子一起制订一个弹性较大的计划，给孩子一个试错的机会。当孩子坚持执行弹性计划一周后，再对这个计划做个评估。如果计划中有未完成的任务，父母可以耐心询问孩子的想法，看看是因为任务安排得太满，还是因为任务的顺序不合理，或仅仅是因为孩子想玩导致时间不够等，尽可能找到具体原因。

　　父母可以询问孩子，在这一周的计划执行中是否感到疲惫？每天完成计划目标时是开心还是感到有压力？有没有信心坚持下去？根据孩子的反馈意见，父母与孩子一起分析，并相应地调整计划。

第58招　制订计划"执行表"

　　父母可以列出计划执行表，贴在孩子的书桌前，这样既方便检查孩子对计划的执行情况，也让孩子知道每天要做什么，提醒孩子先做什么后做什么。需要注意的是，制订执行表的目的只是为了提醒孩子，绝不是控制孩子，有些做不到的任务父母可以让孩子自行调整，孩子今天暂时做不了的，明天补上就行了。

　　有条件的话，父母还可以给孩子收拾一面墙出来，挂上黑板，做一面"打卡墙"。在黑板的一边挂上学习计划表，在黑板写上一个月的日期，每个日期旁边留空格，准备三个颜色的彩笔，一个颜色代表一种学习计划的完成度。父母可以让孩子每天自行打卡，使孩子逐渐养成自主学习的习惯。

孩子"躺平"不上进，其实是在向父母求救

晨晨上了初中后，学业压力变大了，玩的时间反而变多了。放学回家不是打游戏就是玩手机，作业总是拖到很晚才写，还三天两头请假不去上课。

案例分析

孩子自暴自弃，整天待在家里不是打游戏就是刷视频，这样的孩子是不是就毁掉了？没救了？其实没有哪个正常孩子是天生就讨厌学习的，否则他就学不会走路，学不会吃饭，也学不会说话。

事实上，很多父母都比想象中更看重结果，比如孩子成绩差，父母就生气地批评孩子，而不会主动关注孩子在学习中付出的努力。每个孩子都不会主动"躺平"，很多时候因为遭受过多的打击，却一直被忽视，才不得不"躺平"。如果父母发现孩子突然放弃了学习和努力，那一定是孩子内在冲突没办法解决的结果，"躺平"其实是孩子向父母发送的求救信号："我没有能量了，你能不能帮我重新积蓄能量。"

"躺平"现象背后的原因

一是压力过载。面对做不完的作业、频繁的考试、沉重的学业负担，以及课后五花八门的兴趣辅导班，孩子几乎没有多余的时间放松。长期处在这种高压状态下，孩子就会压力过载，感到疲惫无助，直至情绪崩溃。

二是自我保护。当孩子无法应对突如其来的巨大压力时，就会本能地启动自我保护机制，通过"躺平"的形式来减少压力对自己的伤害。"躺平"可以帮助孩子暂时缓解压力情绪，但也很容易让孩子变得消极、冷漠，对未来失去信心，如果这个时候父母没有给予足够的理解和支持，只会让孩子"躺"得更彻底。

给父母支招

父母要看到孩子的努力，肯定孩子的努力。只有给孩子的努力赋予希望和意义，才能帮助孩子重新积蓄能量，让他们拥有继续努力下去的动力。

第59招 让孩子学会与自己比较

父母要让孩子学会正确评估自己，学会与自己比较，而不是与他人比较。比如父母可以将孩子做得最认真的一次作业拍下来，让孩子知道自己能达到的水准，客观了解自己的能力，避免单纯靠情绪去判定自己的成败。父母还要让孩子知道，学习固然重要，但并不是唯一的衡量标准，孩子每天只要变得比昨天的自己更好一点点，就已经非常了不起了。

如果孩子暂时不知道从何处下手，父母可以每天，每周，每月为孩子安排具体的行动指南，让孩子知道每一步该做什么，如何做，从而保证孩子的执行力，增强孩子的自律性。同时，这份行动指南也要保持适度的弹性，确保孩子成长的方向不偏，学习的动力不减。

第60招 巧用"正面联想"

父母可以通过训练"正面联想"的方式，消除孩子潜意识中对学习的恐惧和厌恶。用情景模拟法帮助孩子预演成功体验，比如让孩子想象自己在考试中答题顺利、获得高分、受到同学的敬佩和老师的表扬的场景；用放松训练法帮助孩子缓解紧张焦虑的情绪，比如让孩子深呼吸、放松肌肉、做正念冥想等；用行为矫正法帮助孩子克服自卑心理，一步步建立自信，比如让孩子从容易到困难，逐步接触自己不想面对的事物或情境，并给予孩子及时的、强烈的积极反馈等。

第61招 掌握"多巴胺"沟通技巧

　　父母要留心观察孩子的心理变化和行为表现，把鼓励孩子当成一个习惯，让孩子的大脑不停地分泌快乐的激素：多巴胺。比如父母可以对孩子说："你今天的表现太让妈妈高兴了""你现在很会管理自己的时间呀""我很高兴，因为我能感觉到你在一天天变得更好"，通过这些鼓励的话语让孩子觉得自己很棒，自己有能力解决一切困难，从而让孩子在学习中感到快乐，并把学习变成一件快乐的事情。

　　父母在与孩子沟通时，要多用"我"，少用"你"，多用祈使句，少用否定句，多表达自己的感受，少评判孩子的个性和行为。比如，当孩子不吃饭只顾着玩手机时，父母可以这么说："我担心你眼睛不舒服，不吃饭营养也跟不上，我希望你能有个好身体"。

　　父母要做到少说多听，尤其是当孩子情绪比较激动的时候，父母要多倾听孩子的想法，并表达理解，比如父母可以告诉孩子："我知道被这样说你很难受""我知道你现在心里一定不好过"等。

　　父母还要多问开放性的问题，少问"对不对"。比如父母可以问孩子："关于休学这事具体你是怎么想的？你觉得如果一直玩下去的话结果会怎样？有没有想过其他选择？"只有了解孩子的真实想法，父母才能帮助孩子梳理发生的事情，接纳孩子的感受，让孩子感到被尊重，且被支持。

父母如何帮孩子克服畏难情绪

周末，妈妈带着皮皮去附近的公园玩，皮皮看到小朋友们一个个从平衡木上轻松走过，非常羡慕。

很多父母都不理解，孩子学说话、学走路时那种百折不挠的劲头，怎么在面对几道算术题时就不灵了？仅仅两页的生字练习孩子怎么就崩溃到大哭？这其实跟孩子的意识发展进程有关。

有关研究认为，孩子在婴儿阶段，其意识是混沌的，随着成长，孩子的意识才逐步变得清晰。孩子会逐渐认识到很多事情做起来是有难度的，一旦觉得自己没有能力做好，孩子就会有意识地逃避，以躲避不太好的体验。这个时候，父母越是催促孩子，孩子就越会感到紧张和恐惧。

畏难情绪

所谓畏难情绪，就是在面对困难时感到害怕，不自觉地想要逃避，甚至找各种理由拖延的一种负面情绪。其实，无论大人小孩，都会出现畏难情绪，都喜欢待在自己的舒适圈里，恐惧有难度的、陌生的领域。"畏难"是人本能的一种防御机制。

孩子遇到困难时，因为害怕自己做不好而选择逃避和放弃是非常正常的。父母不能用自己的视角去代替孩子的感受，也不要用"勇敢点""不要怕""这没什么难的"这样的话语去否定孩子的感受。父母应该在接纳孩子害怕情绪的前提下，给孩子一些鼓励和建议，帮助孩子一步步化解自己的畏难情绪，最终迎战困难，解决难题。

孩子的畏难情绪与父母对待困难的态度有很大关系。据说美国微软公司联

合创始人比尔·盖茨的女儿在两岁多时就表示："穿鞋子好难，但是我喜欢。"这种喜欢挑战困难的勇气，源于比尔·盖茨夫妇的刻意引导，他们经常会对女儿说："今天，爸爸妈妈要去挑战自己，去做有难度的事情啦！"父母不要把畏难情绪灌输给孩子，要多鼓励孩子敢想敢做，帮孩子建立自信。

第62招 教孩子拆解有难度的任务

父母可以教孩子将有难度的任务分解成短时间内就能见效的小目标，或不用费多大力气就能完成的小步骤，快速建立自信，一步步克服困难，直至完成整个任务。像这样多练习几次，孩子就在潜移默化中既学会了做计划，又学会了分解任务，化繁为简。

如果面对拆解完的任务，孩子还是觉得无从下手的话，父母可以问孩子："你遇到了什么问题？"引导孩子说出自己的感受以及觉得困难的地方，然后用"你为什么不试试"这样的句式引导孩子将困难的核心问题再进行拆解。

第63招 给孩子讲一些不怕困难的小故事

父母可以给孩子讲一些关于勇敢和冒险的小故事，重点强调故事主角不畏艰难的精神。

讲完故事以后，父母可以向孩子提问："你觉得他遇到的困难是什么？他是怎么克服困难的？""如果是你，你会怎么做？""你觉得他为什么要这么做？"引导孩子应对困难的思考，增加孩子面临困难的经验。

第64招 ▶ 鼓励孩子做稍微难一点的事

　　父母要找到孩子的"最佳发展区"，了解孩子能力发展的情况，确认当前的难度是否合适，为孩子制定合理的可实现的目标和任务，鼓励孩子做稍微难一点、有一点挑战性的事情，并为孩子提供适当帮助，让孩子获得一定的成就感。

　　比如孩子刚学会叫"妈妈"时，父母不要把目标定在"让孩子说一句完整的话"上，而是将孩子的词汇量扩展到周边词汇上，比如教孩子说出"妈妈抱""妈妈亲亲"等短句，通过示范和引导等方式，提升孩子的能力，激发孩子的潜能。

　　父母还可以陪孩子多玩一些益智类的闯关游戏，通过刚开始的简单关卡帮助孩子建立自信，等遇到有难度的关卡时，父母可以引导孩子根据之前闯关的经验和逻辑，主动思考应对的方法，然后和孩子一起坚持闯完最后一关。

警惕物质奖励，正在扼杀孩子的行动力

茜茜每次做家务，妈妈都会很高兴地给她奖励。时间长了，只要没有奖励，茜茜就不会碰一点家务活。

案例分析

孩子对于没接触过的事物大都有新鲜感，父母第一次用物质或金钱进行奖励，孩子不仅会马上同意，还可能会开心一整天，物质奖励的前期效果非常明显。

然而，如果孩子习惯了做什么事都需要物质奖励后，就会让孩子产生一种错误认知："这都是爸妈要求我做的，我这么做是为了获得奖励，而不是应该这么做"，当奖励对孩子没有太大"诱惑力"的时候，孩子就会产生这样的想法："我不要奖品了，所以我不用遵守规则了"。用物质奖励的方法去引导和规范孩子的行为，一旦用不好，就会变成一种"贿赂"，很容易得到反效果。

滥用"物质奖励"的危害

根据"边际效应递减"原理，父母物质奖励的次数越多，孩子的要求就越多，物质奖励的激励效果就越差，父母需要不断提高奖励额度才能起到很小的激励作用，而父母一旦满足不了孩子的要求，孩子就很容易放弃配合。

父母长期用物质奖励孩子，本质上是在用物质报酬与孩子进行交易，这会让孩子认为做了事情就就当获得奖励，这样孩子就会非常关注完成一件事能获得多少好处，而不是做这件事的真正意义。外部动机弱化了孩子的内部驱动力，物质奖励就会在无形中扼杀孩子的主动性和行动力。当孩子在面对物质诱惑时，"做正确的事"反而会被视为一种障碍，进而引发孩子的对立情绪，破坏孩子做事的内部动机。

给父母支招

物质奖励对孩子的激励作用是短暂而强烈的，甚至会带来许多负面效果。父母给孩子物质奖励通常是根据孩子取得的成绩来决定的，这很容易忽视孩子的努力，养成"唯结果论"的思维模式，导致孩子抗挫折能力差，难以接受失败。

真正的成就感来源于完成一项任务本身，而不是完成任务时得到的物质奖励，过多的物质奖励只会淡化孩子真实的满足感。那么，父母要如何做才能真正激励孩子呢?

第65招 明确哪些该奖哪些不该奖

像穿衣、吃饭、学习这些孩子应该做的事情，父母就不需要额外奖励，因为那是孩子自己的事情；像擦桌子、摆碗筷、扫地、倒垃圾这些家务劳动，父母也不需要给孩子额外奖励，因为孩子是家庭中的一员，有义务去做力所能及的家务；像收集家中的瓶子、纸箱卖钱这种额外的劳动，或者孩子在学习和生活上取得较大进步时，父母就可以给予孩子适当奖励。

父母在奖励孩子的时候也要注意重点奖励孩子的行为而非结果，同时奖励不要过于频繁，也不要在同样的事情上多次反复奖励。父母可以设定一个奖励周期，比如每周每月，根据孩子的整体表现给予适当奖励，或者设定某些特殊的里程碑或目标，等孩子达到目标后再给予奖励。

对于已经习惯物质奖励的孩子，父母可以逐步减少奖励的频率和数量，让孩子逐渐适应没有物质奖励的环境。

第66招 增加精神奖励和情感鼓励的比重

当孩子取得进步或做出好的行为时，父母要及时给予孩子情感上的支持和鼓励，如赞美、拥抱、亲吻等；父母还可以给予孩子时间奖励，如一起玩游戏，一起阅读、一起做手工等，陪伴孩子共度美好时光。

父母可以看着孩子的眼睛，对孩子说："妈妈看到了你的努力，你做得很好！"然后轻轻拍一拍孩子的肩膀或后背。拥抱孩子，给孩子写一封信，记录孩子的努力，肯定孩子的付出，这些情感上的鼓励可以让孩子明确知道自己的哪些行为是正确的，进而坚持并强化。

第67招 采用积分奖励制

例如孩子每学会一项家务都可以根据项目类型获得不同积分，达到一定积分后孩子就可以从心愿清单里兑换一个愿望。关于心愿清单的内容父母可以事先与孩子沟通好，确保清单是积极有意义且在父母经济承受能力范围内的，比如一个新书包、喜欢看的绘本、孩子想要的运动装备、一次野营或参观名胜古迹的机会等。

父母还可以采用集体积分奖励制度，即父母和孩子一起参与积分奖励活动。孩子每完成一项学习任务或生活目标，都可以在积分表上贴一朵小红花，父母每完成一项家务或运动时，也可以在积分表上做好标记。等积分表填满后，父母和孩子都可以获得对应的奖励。这不仅能帮助孩子养成良好习惯，还营造了良好的家庭氛围。

如何利用目标感，激发孩子的行动力

 情景展现

俊俊的围棋下得很好，妈妈看他这么有天赋，就给俊俊报了围棋班，但是他有时候也会觉得下棋很烦，甚至想放弃。

案例分析

目标是驱使孩子努力和行动的原动力，为何有的孩子目标远大，斗志满满，而有的孩子却没有目标，浑浑噩噩呢？区别就在于孩子是否有目标感。

所谓目标感是指一种以达到目标为导向的思维意识，要想激发孩子的行动力，就要利用目标感，帮助孩子建立目标思维。

目标思维的操作要点

一是目标游戏化。孩子的天性充满好奇心，如果直接给一个干巴巴的目标，往往很难让孩子产生太大兴趣，更别提让孩子行动了。最有效的方法是让目标游戏化，使行动更具趣味性。比如孩子要做十道数学题，可以把这十道题标记成某个怪兽身体的十个部位，这样就把"做完十道题"的目标转变成了"消灭一只大怪兽"的目标，从而激发孩子做题的兴趣。

二是目标细小化。大目标的任务艰巨，孩子往往很难达成。如果将目标细化分解，就能有效降低达成目标的难度，从而让孩子感受到每一份进步，在进步中获得行动的力量。比如孩子要背一篇课文，父母可以让孩子一段一段地背，每背完一段让孩子休息一下，也可以用玩一会儿游戏作为给孩子的奖励，最终让孩子在不断地鼓励中轻松地将课文背完。

三是不断复盘优化目标。目标和现实难免存在差距，目标过低，可能会限制孩子潜能的发挥，目标过高，则可能会打击孩子的积极性。所以，在目标进行到一定阶段的时候，父母要和孩子一起进行阶段性复盘，及时调整目标，把新的目标设置到孩子通过努力就可以达到的范围。

拥有目标感的孩子，内心通常会更加坚定，也更自信和勇敢，他们更明白自己要做什么，要达到什么程度，在达成目标的过程中，哪怕遇到问题，也会更容易克服恐惧继续努力完成目标。因此，我们要有意识地培养孩子的目标感，那么具体要怎么做呢？

第68招 利用"DOAM"法培养目标感

管理学之父德鲁克在《管理的实践》一书中提出了"DOAM"的目标分解法，通过这个方法可以让孩子更加清楚自己的目标，从而使孩子更有动力去完成目标。

D（Direction 方向）：了解孩子的大目标是什么，并让孩子的行动围绕着大目标进行。

比如孩子的大目标是将来要当一名老师，这个时候父母就可以告诉孩子当老师要学习很多知识，还要学会教学生的方法。知道这个方向后，孩子就会很用功地学习知识，并且经常在家里开设"小课堂"，把家里的成员当学生，从而锻炼语言表达能力。

O（Objective 目标）：从大目标分解出来的每个小目标，必须是大目标在不同阶段的具体表述，同时目标的设定还要预留可能无法按时完成目标的余地。

比如想提高孩子的数学成绩，父母可以让孩子在一天内学会一道数学题的解决方案，然后在一周内学会举一反三，掌握这类题型的解题方法。如此下去，孩子的数学成绩必然有所提高。

A（Action 行动）：无论未来的目标是什么，都要明确侧重点，把最重要的、最紧急的事排在最前。

比如要提升孩子的语文成绩，要学习的内容有很多，父母可以帮助孩子先在最容易失分的题型上下功夫。如果孩子的作文很差，就让孩子多看课外书，多学习写作技巧，多写日记。

M（Measure 评估）：对目标的完成情况进行评估，完成情况优秀的孩子将获得奖励，无法完成目标的孩子将在父母的帮助下，对无法完成的原因进行分析，并提出改进方案。

比如孩子在提升英语成绩的过程中，效果不理想，那么父母就先要了解具体原因，是因为单词没背好，还是语法知识没掌握，又或是听写没听懂等，找到原因后，帮助孩子针对性地调整目标。

第69招 想象未来想成为的人

父母可以让孩子想象一下，未来想成为什么样的人，在社会中扮演着什么样的角色，从事什么工作等，引导孩子建立一个大目标；然后，父母可以让孩子想一想现状与这个美好目标之间存在怎样的障碍，并让孩子一一列出来；最后，父母和孩子一起列出突破这些障碍的行动计划，引导孩子从一件小事开始，立即执行计划。

第70招 多用动词，少用名词

父母要少用空洞的名词，多用动词来指导孩子的具体行动。比如孩子非常喜欢写作，父母不要只对孩子说"努力，将来你可以当一个大作家"，而是应该说"你可以为写作多做点什么"，鼓励孩子多读点书，多写点小故事，多接触和思考不同的观点等，为孩子未来成为作家迈出一小步。

懒得做事，怎样让孩子
行动力爆棚

孩子懒得整理房间，懒得运动，对什么都没兴趣怎么办？父母可以让孩子承担必要的责任，给孩子提供更多实践的机会，以及积极的反馈，让孩子在轻松愉悦的氛围中，做个"热气腾腾"的行动派。

什么家务都不做，如何培养孩子的家庭责任感

康康上六年级了，个子长得很高，但他平常在家却什么家务都不做，就连让他随手扔个垃圾都不愿意。

案例分析

优秀的孩子，大都爱做家务。某研究机构曾对全国两万名小学生进行调查，调查结果显示，爱做家务的孩子中成绩优秀的比例，要比不爱做家务的孩子高 27 倍。做家务这样的小事为何会有如此神奇的魔力？

爱做家务的孩子秩序感更强

爱做家务的孩子，整理能力一般不会太差，他们通过把身边的事物收拾干净，逐渐强化自己内心的秩序感。秩序感是逻辑思维的基础，孩子在做家务的过程中，能够通过了解家务的不同步骤，体验不同的家务劳动，感受空间和时间的秩序感。秩序感强的孩子，通常专注力也强，因为他们的内心不容易被打扰，会将精力集中到一件事上。

爱做家务的孩子责任感更强

孩子在帮父母做家务的时候，更能体会到生活的不易和父母的辛苦，因而也会更懂得责任感的重要性。经常做家务的孩子，通常能够在劳动的过程中学会分担和责任，会更加感同身受地理解自己是家庭的一分子，当他认为做分内的家务活是理所当然的，责任感就会建立起来。

爱做家务的孩子独立性更强

经常做家务的孩子，动手能力强，自理能力强，因而独立性也更强，在进入一个新环境时他们往往就能很快适应。早一点学会做家务，孩子就能早一点学会独立处理一些事情，也更容易拥有独立、自信、自强的灵魂，从而能够牢牢掌握对生活的主动权。

给父母支招

一个从小爱做家务，愿意把自己收拾得干干净净的孩子，一定是一个对自己负责的孩子。而一个能对自己负责的孩子，才会主动承担起家庭的责任和义务，尽最大努力把自己该办的事情办好。如果孩子什么家务都不愿意做，父母要如何培养孩子的家庭责任感呢？

第71招 让孩子明确需要承担的责任

当孩子想做一件事时，父母要跟孩子明确划分权责范围，比如参与这件事的人都有谁，孩子对应的责任是哪些等等。当父母提前让孩子明确自己所要承担的责任时，孩子才会开始认真考虑这事是否切实可行。如果父母帮孩子承担了他的那部分责任，孩子以后就只会考虑如何说服父母帮忙，而不是自己承担责任。

在明确划分责任后，父母要坚决按照规定好的内容去执行，不要代劳孩子的事情。这是让孩子知道，这是他自己的事情，他需要为自己的行为负责，如果不做的话，就要承担不做的后果。

父母交给孩子做的事情，哪怕是很小的事情，也要有检查、督促以及对结果的反馈，这样才能让孩子明白做任何事都要有始有终。

第72招 让孩子照顾宠物

父母可以为孩子选择一些他喜欢且容易照顾的宠物，如金鱼、乌龟等。在养宠物前，父母要告诉孩子正确的养育方式和日常护理宠物的方法，如喂食、换水、清理水族箱等，同时要让孩子知道动物是人类的好朋友，要尊重和关爱它们，愉快地与它们相处。

在照顾宠物的过程中，父母可以让孩子细心观察宠物的行为，耐心了解宠物的需求和情绪表达特点，从而提高孩子的观察力和思考能力。同时，父母也可以让孩子进一步了解宠物的生活习惯和生理特点，如喂食、清理粪便等，让孩子明白，自己不仅是在玩耍和享乐，更有责任和义务去照顾这些小生命，对它们负责。

当孩子在喂养自己的宠物时，父母不能代劳，从旁边协助并教会孩子正确对待宠物，确保孩子和宠物的健康和安全即可。

第73招　让孩子参与"家中大事"

父母可以根据孩子的年龄、兴趣等特征，选择一些适合孩子完成的家庭事务，让孩子参与进来。年龄较小的孩子，父母可以让他们参与家庭购物清单的制订或周末活动的安排；年龄大一点的孩子，父母可以让他们参与家庭预算的规划或家庭旅行的安排等家庭决策中。

在决策的过程中，父母要给予孩子充分表达的机会，鼓励孩子积极地发表自己的观点和想法，耐心倾听孩子内心的需求。同时，父母还要引导孩子学会理性分析问题，如讨论家庭预算时，父母可以教孩子如何根据家庭的收支情况，制定合理的预算方案。

房间乱糟糟，怎么引导孩子主动收拾

情景展现

姗姗的房间总是乱糟糟的，她把衣服、书本、玩具扔得到处都是，妈妈每次收拾她的房间都要花掉大半天时间。

把你的书桌收拾收拾吧！

地上的东西也顺便收拾一下。

我的房间，你别管了。

案例分析

　　很多父母在面对被孩子弄乱的房间时，常常会发出"怀疑人生"的感叹，他们不明白孩子为什么宁愿待在乱糟糟的环境里，也懒得花几分钟把房间收拾干净。有很多"亲子大战"的出现，都是孩子不愿意收拾房间导致的。

　　孩子不愿意收拾房间的原因有很多。有的孩子没有养成收拾东西的习惯，没有良好的秩序感，也就不会主动收拾房间；有的孩子觉得待在凌乱的房间里会感觉更自在，认为没必要收拾；还有的孩子是因为没有任何收拾整理的经验和技巧，他们自然不会也不愿意收拾。

房间的整洁度体现了孩子的自律能力

　　房间的整洁与否反映了一个人是否具备自我管理能力，一个从小就保持房间整洁的孩子，往往具备较强的自律能力。这样的孩子通常更能自觉地遵守规则，按时完成作业，对于生活和以后的工作都更有计划性和条理性。而一个从小就不爱收拾房间的孩子，往往在其他方面也缺乏自律，他们更容易受到外界的诱惑和干扰，难以坚持完成既定的目标和计划。

环境的整洁度影响了孩子的生活态度

　　生活环境对一个人的影响是很大的，如果一个人一直处于邋遢、凌乱、糟糕的环境下，那么他的心情也不会特别好，很容易焦虑、烦躁，甚至难以保持良好的心态。而干净整洁的房间，看起来就很让人赏心悦目，人的心里敞亮了，就会更加乐观积极地面对生活。

让孩子保持房间整洁的好处有很多，想让孩子养成主动收拾的好习惯其实也不难，父母可以尝试以下几种方法。

第74招 ◀ 设立明确的整理规则

　　父母可以与孩子一起讨论并设定关于整理房间和保持个人卫生的基本规则，保证这些规则是简单明了且容易遵循和执行的。比如，让孩子每周打扫一次自己的房间，保持地面的整洁；用完的物品要记得及时放回原处；定期清理不需要的物品；每次玩完玩具后要马上收拾整理好；每天起床后要叠好被子，叠放好睡衣；每天晚上睡觉前必须收拾好书桌，并将自己的物品整理好；衣服不能扔在地上，要叠放整齐后放进衣柜等。

　　如果孩子忘记了遵守规则，父母可以适时地提醒孩子。父母要用温和的语气跟孩子沟通，既不能让孩子感到压力，又能督促孩子养成好习惯。如果提醒不管用，父母就可以按照规则进行惩罚，让孩子执行补救措施。

第75招 ◀ 和孩子一起整理并教授技巧

　　父母可以每周约定一个时间，和孩子一起收纳整理玩具、书柜和私人物品，比如约定在每周六晚8点收纳整理玩具，在每周日下午2点收拾衣柜和书柜。

　　父母可以在和孩子一起收纳整理的过程中，教给孩子有效的收纳整理技巧，比如利用收纳盒、抽屉、篮子、分隔板等物品来分类整理物品，正确折叠衣服等。

　　在教孩子整理技巧时，父母可以先引导孩子思考这样几个问题："哪些东西是你不喜欢的？""哪些东西是你用不了的？""哪些东西是你最近一年都没用过的？"根据以上问题的答案，让孩子把不需要、不喜欢、不适合的物品整理出来，不常用的物品可以封存保管，没用的物品可以丢弃或送给有需要的人。最后再让孩子把需要的、喜欢的、适用的物品重新整理收纳。

　　父母和孩子一起收纳好所有物品之后，可以对物品做好文字或图片标记，还可以拍照进行记录，将物品的照片打印出来贴在相应的收纳盒上，方便孩子随时查看物品所在的位置，节约找东西的时间。

第76招　将整理房间变成一种游戏

　　父母可以将整理房间变成一种有趣的家庭游戏。比如父母可以设定一个倒计时，在规定的时间内与孩子进行比赛，看看谁能在15分钟内完成整理房间的任务；父母可以将整理房间变成一个寻宝游戏，让孩子在收拾房间和整理物品的过程中，发现隐藏在杂物中的"宝藏"；

　　父母还可以把整理清单做成一个闯关游戏，孩子每完成一项整理任务就视为通过一个关卡，可以在任务旁边打钩，直到最后孩子通过所有的关卡，就可以获得"通关奖励"，如一起吃一顿大餐等。

每天赖床叫不醒，如何让孩子主动起床

 情景展现

　　叮当每天早晨都会赖床，就算是醒了，也磨磨蹭蹭赖在被窝里不起来。无论妈妈怎么叫就是不肯穿衣服。

很多孩子在上学的时候都会赖床，而且无论父母怎么叫都不起床，父母生拉硬拽，孩子依然呼呼大睡。为什么孩子准时起床如此艰难呢？

赖床可能是孩子不喜欢上学的信号

孩子刚上学时，需要一段时间适应学校生活的作息，在这期间，孩子很容易出现赖床的现象。而学龄一年以上的孩子，已经完全适应且清楚学校的规则，他们之所以不顾父母的反复催促，宁愿冒着迟到被批评的风险，也要在床上多"赖"一会儿，是因为他们知道上学后不会像在家里那么轻松，要承受一定的学习压力。这些孩子下意识地认为上学是一件不愉快的事情，他们不喜欢学校，不想去上学，便用赖床的方式进行逃避。

孩子赖床很可能是因为睡得太晚

孩子上学以后，晚上相对会睡得晚一点。一方面是因为学校每天中午会安排孩子午睡，孩子白天睡多了，晚上自然也就很精神；另一方面，如果当天的作业量比较大，或者孩子很晚才完成作业，那么孩子也会晚睡。孩子睡得晚，要起床的时候是没睡饱的状态，自然就会赖床了。父母要想让孩子主动起床，首先就要保证孩子的睡眠时间，让孩子规律作息。不同学龄的孩子有不同的睡眠需求，小学生每天应达到 10 小时的睡眠时间，初中生应达到 9 小时，高中生应达到 8 小时。按照这个需求，小学生的就寝时间不能晚于 21 点，初中生不能晚于 22 点，高中生不能晚于 23 点。

从睡觉前的"爱妈妈"到早上的"讨厌妈妈",改变孩子有时候只需要一句"起床了"。尤其是到了冬天,比起上学,孩子更愿意待在暖和的被子里,舒舒服服地躺着。但是按时起床是一件重要且必要的事情,它并不只是让孩子准时上学,更是锻炼孩子的意志力。不想收获一个习惯性赖床、起床气重的孩子,父母不妨尝试以下的方法让孩子学会主动起床。

第77招 利用光线唤醒孩子

父母可以提前拉开孩子房间的百叶窗,或给窗帘留一条缝隙,如果孩子房间用的是遮光窗帘,可以尽量留大一点的缝隙,让阳光逐渐照亮孩子的房间,用生物钟叫醒孩子。如果阳光不足,父母还可以打开孩子床头的台灯,通过光线的变化,降低褪黑素在血液中的浓度,逐渐唤醒孩子的感官,让孩子从深度睡眠自然过渡到浅睡眠状态,最后自然醒来。

第78招 利用声音唤醒孩子

父母可以选择孩子喜欢的声音,如轻音乐、英文儿歌或音频故事等,提前设定好播放的时间,以此作为提醒孩子起床的信号。这样既可以减少孩子突然被叫醒的不适感,又可以让孩子在温柔而美妙的音乐或故事声中缓缓醒来。

父母还可以给孩子挑选一个他喜欢的趣味闹钟，比如可以唱歌、跳舞、搞怪的闹钟，让有趣的闹钟吸引孩子的注意力，让孩子对起床充满期待。如果孩子很快就对闹铃声免疫，父母可以将闹钟放在离孩子远一点的地方，让孩子必须下床才能关闭闹铃，这样一番操作下来，孩子基本就没有睡意了。

第79招 ◀ 利用爱的互动唤醒孩子

父母可以轻轻地走进孩子的房间，给孩子一个温暖的拥抱，在孩子耳边轻声呼唤他的名字，轻轻拍打或抚摸孩子的身体，揉揉小肚子，搓搓后背，利用亲密的身体接触和语音的刺激，让孩子感受到父母的关心和爱，使孩子更容易主动起床。

如果时间允许，父母不妨贴着孩子躺下来，让孩子讲一讲昨晚的美梦，或说一些让孩子开心的事，和孩子共同期待新一天的快乐，比如待会儿要吃什么样的早餐，今天可能会收到期待已久的礼物，今天学校要举行什么有趣的活动等，增加孩子对起床后的期待，让孩子在愉快的氛围中起床。

不喜欢运动，这样引导让孩子动起来

情景展现

    乐乐特别不喜欢运动，总是拒绝参加学校一切有关运动的活动，没事的时候宁愿在家躺着，也懒得动一下。

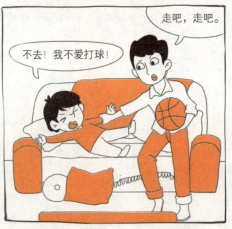

案例分析

现在的孩子似乎越来越不喜欢运动，他们更愿意坐在电视、电脑等电子设备前，而不是在户外奔跑、跳跃、玩耍。运动的好处不胜枚举，除了强身健体、保护视力外，还有其他人们鲜少关注到的益处。

运动是孩子的"快乐处方"

运动会刺激人体释放多巴胺、内啡肽等"快乐物质"，让人产生轻松、愉悦、积极的感觉。尤其是当孩子处于学习和竞争的巨大压力下，保持适当的、有规律的运动可以帮助孩子持续获得这些"快乐物质"，从而保持良好的情绪状态。

运动可以让大脑更聪明

当人在运动时，血管会适度收缩，血液循环加速，大脑的供血量会大量增加，有利于大脑神经细胞的代谢和发育，这对孩子的智力发展和认知能力的提升都大有益处。有科学研究证明，运动后学习词汇的速度，要比运动前提高 20%，因为运动可以使大脑内的海马状突起变大，而这个区域正是主管学习和记忆的。

运动是对孩子最好的挫折教育

运动能让孩子以更加平和的心态去面对输赢。乒乓球大满贯得主邓亚萍曾说过："体育是最好的挫折教育，先学会输才能去赢得人生。"就拿乒乓球这项运动来说，让孩子练习乒乓球不仅可以强身健体，锻炼手臂的力量和反应的速度，还能培养孩子坚韧的性格和顽强的意志。

让孩子"动起来"已成为一件刻不容缓的事情。2024 年教育部更是明确规定，中小学生每天综合体育运动的时间不低于 2 小时，全国多个省份都已将课间 10 分钟延长到 15 分钟，学校也从过去鼓励孩子"好好学习，天天向上"，到如今的"身上有汗，眼里有光"。那么，父母如何让不爱运动的孩子"动起来"呢？

第80招 每天在家陪孩子做广播体操

父母可以每天在家里陪孩子做几遍广播体操，通过反复练习，提升孩子对广播体操的熟练度，让孩子在学校做课间操的时候跟得上节奏，动作也更准确到位，达到每天锻炼身体的目的。

父母也可以让孩子在写作业前后做两遍广播体操，既是写作业前的热身，也能让孩子在写完作业后活动僵直的四肢，放松肌肉。通过短短 10 分钟的活动，让孩子的身体微微出汗，使孩子的身体更放松，大脑也更清醒。

第81招 带孩子去感受运动氛围

父母可以带孩子到现场观看竞技类的比赛，让孩子感受运动的激情，以及振奋人心的现场氛围。

父母也可以积极地参加一些运动项目，比如跑步、打球、散步等，同时邀请孩子参与进来，让孩子在一旁给父母加油打气，送水递纸，让孩子感受运动的快乐氛围。

父母还可以在家中为孩子创造一个安全舒适的运动场所，给孩子准备合适的运动器材，让孩子在轻松愉快的氛围中享受运动的乐趣。

此外，定期组织家庭运动会，如跑步、骑车、打羽毛球等，也可以营造积极的运动氛围。在家庭成员的共同参与和陪伴下，孩子会慢慢习惯并喜欢上运动。

第82招　给孩子制定一份运动计划

父母可以根据孩子的年龄、体能和兴趣，制定科学合理的运动计划，给孩子设定具体的运动目标，如每天跑多少公里，完成多少个跳绳等，让孩子每天在固定的时间运动，并逐步增加运动的强度。在孩子达成目标或完成计划后，父母应及时给予表扬和适当的奖励。

如果孩子对运动计划中的运动项目不感兴趣，父母还可以让孩子尝试一些新奇有趣的运动项目，如攀岩、滑雪、溜冰、乒乓球、游泳等，或者将运动和游戏集合起来，如跳房子、障碍赛等，让孩子在丰富的游戏形式中找到自己喜欢的运动。

另外，父母还可以给孩子一些自由活动的时间，让孩子用自己喜欢的方式补充运动计划外的运动量，如疯跑、骑自行车、去游乐场玩耍、划船、爬山等。

孩子整天宅在家里，不愿出门，怎么办

情景展现

　　放假了，丫丫整天都宅在家里，不是听音乐，就是看书，要么就玩手机……无论谁喊她，她都不出门。

案例分析

如今越来越多的孩子被称为"宅娃"，他们不爱出门，不愿与人交流，喜欢宅在家里，缺乏对外部世界的兴趣。

"宅娃"现象背后的原因

"宅娃"现象的背后，既有电子产品的诱惑，又有学习负担重，无暇顾及户外活动的无奈，还有父母出于安全和便利的考虑，不希望孩子在外面玩耍跑跳的缘故。同时，在城市里，邻里之间交流较少，孩子之间的互动更少，这使得孩子周围除了同学之外基本没有适龄的玩伴，孩子即使出门也不知道找谁一起玩，所以干脆待在家里，并逐渐变得抗拒出门。

然而，整天宅在家里真的好吗？为了研究这个问题，美国医学博士斯图尔特·布朗花费 42 年，跟踪采访了 6000 人，得出一个结论：小时候一天到晚待在家里的孩子，长大后更难适应新的环境。孩子被"禁锢"在方寸之间，他的世界就很容易变得狭窄而局促。

"宅"家久了会诱发心理问题

著名心理学教育专家李玫瑾老师曾说："不要让孩子一天到晚待在家里，不然他的大脑会高度兴奋，小脑却得不到刺激，脑部神经长期不能兴奋，就很容易出现心理问题。"

成长中的孩子需要多样化的体验和感官刺激，来促进大脑和小脑的均衡发展，进而丰富情感世界，培养应对压力和挑战的能力。如果孩子整天待在家里，周围环境是单调和封闭的，孩子也会容易变得孤独、压抑和暴躁，从而出现注意力不集中、抑郁、自卑等一系列问题。

意大利幼儿教育家玛利娅·蒙台梭利曾说:"来自智力的东西,没有一件不是来自感官。"相比于室内,户外能给孩子提供更多的感官刺激,帮助孩子深度滋养大脑的神经网络。因此,父母可以多带孩子走出家门,呼吸清新的空气,触摸柔软的树皮,聆听清脆的鸟鸣,欣赏争艳的鲜花,俯身拥抱大地,抬头仰望星空。孩子探索的脚步大了,他的世界才会变大。

好的教育是孩子既能安于室内的小天地,又能勇敢迈向户外的大冒险。如果孩子拒绝出门,父母要如何引导孩子呢?

第83招 经常和孩子分享户外活动的乐趣

父母可以在日常交流中,多与孩子分享一些户外的风景和活动,让孩子感受到户外活动的乐趣。当孩子对父母分享的事物表现出一定的兴趣时,父母就可以准备一个隆重的家庭会议,赋予外出活动仪式感,然后让孩子按照自己的兴趣策划一场户外活动。在这个过程中,父母只需要协助孩子,给予孩子必要的引导即可。

第84招 逐渐延长带孩子出门的时间

如果孩子喜欢独处,拒绝出门,父母可以和孩子商量"只出去十分钟"的计划,减轻孩子出门的压力。在下次出门时,外出的时间可以逐渐增加，从十分钟变成二十分钟，半小时，一小时，循序渐进，逐步延长出门时间。这样可以让孩子慢慢适应外部的环境，逐渐发现外面世界的乐趣，使孩子慢慢喜欢上出门玩耍。

第85招 提供更多外出的机会

父母可以给孩子提供更多外出的机会，比如邀请孩子的同学或朋友到家里来玩，然后鼓励孩子和朋友一起出门玩。

父母还可以带孩子参加集体活动，如参加集体画展、科技馆小竞赛、运动比赛、手工比赛、厨艺比赛等，这些集体活动既能帮助孩子开阔知识和眼界，又能提高孩子的社交互动技巧。

如果孩子喜欢看动画片，父母就可以带孩子去电影院感受与家里电视机不一样的观影体验；如果孩子喜欢玩玩具，父母就可以带孩子出门去看更多更好的玩具；如果孩子喜欢吃零食，父母就可以带孩子去郊外野餐；如果孩子喜欢观星，父母就可以带孩子去野外露营，夜观星空；如果孩子喜欢玩游戏，父母可以想办法将孩子喜欢的游戏搬到户外，像下棋、玩扑克牌等对场所要求不高的游戏，父母可以把这些游戏搬到户外，实现孩子迈出家门的第一步；如果孩子想要父母的陪伴，父母不妨就带孩子来一场不被打扰的家庭旅行。

如果孩子是因为害羞和缺乏社交经验而不想出门，那么父母可以试着带孩子去人多的商场、广场、公园逛逛，让孩子多接触外面的人和事，感受人多的氛围，并鼓励孩子积极参与社交。

及时表扬，夸出爱劳动的好孩子

晚饭后，妈妈最先吃完就独自去厨房收拾了，畅畅吃完饭后看着一桌子的碗碟陷入了沉思。

妈妈，我来帮你。

宝贝真懂事，谢谢你帮我收拾。

我的宝贝，拿这么多，小心点！

很多孩子在小时候都会主动帮父母拿点东西，整理房间，或者洗洗自己的小袜子，可随着年龄的增长，哪怕是整理自己的房间这种随手能做的事情孩子都不愿意自己动手了。面对父母的要求，孩子有时候还会表现得很反感，甚至出现与父母争执的极端情况。

父母本身对劳动持蔑视的态度

孩子不爱劳动，除了因为父母溺爱孩子，不舍得让孩子做事之外，还跟父母对劳动的态度有关。如果父母这样教育孩子："如果你现在不好好学习，长大了就去扫大街，干体力活。"那么孩子也会从心底里蔑视劳动，把劳动当成低人一等的事，自然也就不愿意劳动。

父母将劳动作为一种惩罚手段

当孩子犯了错，有些父母不舍得打骂孩子，就想出了"罚做家务"的惩罚方法。这样会让孩子认为只有犯错了才需要做家务，家务劳动、为家庭付出并不是一件应该主动去做的事情，它只是一种惩罚。这对于培养孩子劳动意识和塑造孩子尊重劳动的观念都是非常不利的。

孩子爱上劳动离不开父母的夸奖

想让孩子爱上劳动其实一点也不难，只要让孩子在劳动中感受到快乐和满足，他就能积极行动起来。其中最有效的一招就是"使劲夸他"。

父母对孩子付出劳动的表扬，是对孩子能够独立完成一件事的肯定，可以让孩子获得成功的情绪体验，从而激发孩子继续尝试劳动的热情。父母对孩子付出劳动的夸奖，也是对孩子劳动行为的一种"正强化"，当孩子再次遇到类似的情况时，就知道正确的做法是什么。孩子也由此形成良好的行为习惯，增强了自我约束的能力。

给父母支招

很多父母不喜欢夸孩子，总觉得这样会让孩子骄傲，就算表扬孩子也都是"无效"表扬，夸了等于没夸，这都是没有用对方法的表现。积极的、有效果的表扬是需要一些技巧的。

第86招 不要吝啬夸奖孩子的"第一次"

当孩子第一次扫完地后，父母可以这样表扬孩子："哇！你扫的地真干净，我们这个家都因为你变得更加舒适了！""是谁把地面打扫得这么干净啊？妈妈看着心情都变好了！"

当孩子学会擦桌子后，父母可以这样表扬孩子："你看你把桌子擦得多干净！连边边角角那些不显眼的地方都擦到了，你真是一个细心的好孩子！""谢谢你帮忙擦桌子，妈妈可以轻松一点了。"

当孩子在认真洗碗时，父母可以这样表扬孩子："宝贝，你洗碗洗得好认真、好仔细啊，你真是一个很有耐心的孩子。""宝贝，你洗得真干净，谢谢你愿意承担自己力所能及的家务。"

当孩子第一次主动叠被子时，父母可以这样表扬孩子："妈妈都没提醒你，你居然自己主动叠了被子，你真的太懂事了，一点儿也不让妈妈操心！""今天你自己就把被子叠起来了，你真棒。"

当孩子第一次尝试下厨时，父母可以这样表扬孩子："哇，我的宝贝也太能干了吧！一会儿我要尝第一口！""谢谢你做的早餐，妈妈真的开心，家里又有一个做饭小能手了。"

　　需要注意的是，父母不要因为孩子第一次表现良好，就期待孩子每次都可以做得很好，父母只需要以平常心去对待孩子的每一次尝试，重点关注孩子的每一次进步即可。

第87招　及时肯定孩子的行为和结果

　　当孩子付出了劳动，尤其是通过自己的努力克服困难才做到的，父母一定要给予孩子及时的、具体的肯定，既肯定孩子的行为，也肯定孩子的成果。孩子知道自己因为什么受到表扬，也会为自己的小小成功感到自豪。

　　当孩子帮忙晾衣服时，父母可以这样说："你能主动帮妈妈晾衣服，来，奖励你一个大大的拥抱！""洗衣机里的衣服都是你晾的？太好了，我差点都忘记洗衣机里还有衣服了，你可真是妈妈的好帮手！"

　　当孩子主动帮忙拿东西时，父母可以这样说："这么多东西要拿，要不是你帮忙，我一个人就要跑两趟了，谢谢你。""哇，你的力气好大啊，都能提得起这么一大袋东西了，了不起！"

　　当别人告诉父母孩子帮了很多忙时，父母可以这样说："奶奶跟我说，你怕奶奶腰疼，就帮奶奶洗菜、洗碗、拖地，做了很多事，奶奶很开心，我也为你感到骄傲。""爷爷跟我说，他眼睛看不清，多亏了你帮他念药的说明书，你真是帮了大忙呢！"

Part

6

唤醒内驱力，让孩子
越来越勤快

　　父母对孩子的教育，最重要的不是给孩子灌输丰富的知识，教给他正确的答案，而是激发孩子的内驱力，让孩子能够实现自我管理、对自己负责。父母应该多让孩子做他自己喜欢的事，按照孩子认为舒服的节奏去做，这样孩子的身心自然会进入一种被高度唤醒的状态。

如何引导孩子跳出"舒适区"，走进"挑战区"

蓉蓉在班里的成绩一直是中等偏上，这次考试考了第十名，爸爸妈妈都为她感到高兴，并希望她能再接再厉。

很多孩子在遇到挑战时都会有退缩的心态，这是因为他们总是不相信自己能战胜困难。这样的孩子总是喜欢待在自己的"舒适区"，从不打算突破自我，也没有勇气尝试任何新事物。

"花盆效应"

"花盆效应"指的是，当花被种在花盆中时，花会因为人为创造的适宜环境而长得很好，但如果将花移植到野外，花在恶劣的条件下就很容易枯萎。舒适区就像那个温暖的花盆，孩子待在里面就不用担心会受到外界压力的影响，但过于依赖舒适区也会限制孩子的成长和发展。

为什么越鼓励，孩子反而越退缩

很多父母以为只要持续地鼓励孩子，就可以帮助孩子从舒适区内跳出来，然而却事与愿违。事实上，持续的鼓励也意味着不断地施压，孩子感受的压力越大，就越会往自己的舒适区里退缩。孩子不敢跳出舒适圈是因为害怕困难，在孩子看来，父母的鼓励更多的是在化解难题，而不是接纳孩子害怕的情绪。这样一来，即使父母不断地鼓励孩子，孩子却依然不敢前进，因为知道父母不允许自己害怕，所以孩子便呈现出逃避的状态，甚至不愿意迈出第一步。

给孩子搭"脚手架"

当孩子遇到困难和挑战时，父母应该在第一时间帮助孩子拆解难题，引导孩子积极应对，就是所谓的搭"脚手架"。现实生活中，脚手架就是建设楼房时，楼顶上提供临时支撑的支架。孩子的发展过程和建楼很像，父母就像是孩子的"脚手架"，当孩子试图走出舒适区时，父母要及时给予孩子大量的支持，为孩子的潜力发展搭建好平台，等孩子有一定的能力，可以做到本来做不到的事情时，父母再"撤开支架"，让孩子独立。

孩子的成长是一个不断突破舒适区的过程，在此期间孩子需要独自面对很多不那么舒服的事情，因此孩子有负面情绪是很正常的。父母不应该责怪孩子害怕困难，逃避挑战，缩在舒适区里不出来，而是要想办法让孩子不受挫败情绪的困扰。

没有压力就没有动力，只有勇敢地走出舒适区，突破自己，学会克服困难，坚定地面对各种挑战，孩子才能更好地成长。那么，父母该如何正确引导孩子走出舒适区呢？

第88招 与孩子分享自己失败的经历以及应对方法

当孩子遭遇挫败时，父母不妨和孩子分享自己的失败经历，以及应对挫折的方法，让孩子明白。失败是解决问题过程中的一部分，很多时候失败是在所难免的，但一定要学会"亡羊补牢"。

在此基础上，父母要教会孩子保持乐观的心态，避免钻牛角尖，学会换个角度看待问题。同时，父母要告诉孩子，寻求帮助并不是软弱的表现，有时解决问题可能需要多人协作或向他人请教。

此外，当父母遭遇困境或失败时，不妨告诉孩子自己的感受，和孩子分享失败的原因以及应对的方法，使孩子将来能够更好地应对挫折。

第89招 ◀ 鼓励孩子从一件想做的事入手

　　父母可以让孩子选择从一件一直想做的事情入手，这会让"走出舒适区"这件事变得容易一些。无论是接触一件新事物，学习一项新技能，还是主动结识新朋友，这些尝试都会给孩子带来新奇感和成就感。当孩子成功解锁一片"新领域"时，他就能为自己增添一份信心，从而一步步扩大生命领域里的种种可能性。

　　鼓励孩子接触一件他想尝试的新事物时，父母可以让孩子畅想完成后的喜悦场景，引导孩子学会坚持。鼓励孩子主动结交新朋友时，父母可以建议孩子多去接触一些敢想敢做的人，多融入一些大胆创新的氛围，多从朋友身上找到激发自我前进的积极能量。

第90招 ◀ 允许孩子放弃

　　当孩子尝试着走进"挑战区"，但仍想放弃的时候，父母可以重新评估一下这项任务的难度，是否超出了孩子目前的能力范围。同时，父母也要观察孩子的情绪。如果孩子确实不能完成挑战，父母要允许孩子放弃，并接纳孩子的情绪。父母可以暂时搁置这项任务，给孩子做一些铺垫和积累，等孩子有能力时再来完成这项任务。

满足底层需求，激发孩子的内在动力

洛洛成为班里第一批加入少先队的学生，他兴奋极了，一回到家就迫不及待地跟妈妈分享这件喜事。

妈妈，今天我成为少先队员了。

真了不起，快去写作业吧！

今天只有几个同学加入少先队了……

知道了，知道了，先去写作业！

我还没说完呢！

案例分析

当孩子想要表达和分享，但是父母却不能倾听孩子的需求时，孩子就会产生"我凭什么要听你的""你说的就一定是对的吗"等一系列的想法。孩子会觉得父母并不能理解自己，也和自己不在一个"频道"上，因此，在被要求去学习的时候，孩子就不愿意听从安排。

理解孩子的需求是培养孩子学习兴趣的第一步，孩子的需求除了被倾听和自我表达外，还包括被鼓励、被尊重、被认可等需求，这些心理需求是孩子成长的基础，满足这些需求可以帮助孩子建立积极的自我形象，使孩子更愿意投入学习。

马斯洛需求层次理论：先满足底层需求

马斯洛需求层次理论将人类需求从低到高分为五个层次：生理需求（如呼吸、食物、睡眠、性等需求）、安全需求（如环境安全、人身安全等免除焦虑或恐惧的需求）、社交需求（如结交朋友等关于爱和归属感的需求）、尊重需求（如自尊、被尊重等需求）、自我实现需求（如实现自我成长、激发潜能等需求）。马斯洛认为需求层次越低，力量越大，必须先满足低级需求，才会出现自我实现的高级需求。

孩子的学习属于自我实现的高级需求，要想唤醒孩子学习的积极主动性，就要先满足孩子的底层需要。当孩子身心健康、充满自信、有良好的人际关系、认为自己有价值时，才更容易对学习产生兴趣，激发内在动力。

给父母支招

在孩子的学习领域，内在动力表现为孩子对知识的渴望，对挑战的接受，以及对自我提升的追求等。不同于外在奖赏，内在动力源自孩子内心，具有更强的持久性和自主性。"鸡蛋从外打破是创伤，由内破壳才是成长"，外部的助力或许能带来一时的进步，但唯有内在驱动力，才能引领孩子走向更广阔的天地。

要想唤醒孩子的内在动力，父母首先需要满足孩子的底层需求，给予孩子无条件的爱、支持、理解、关心、爱护和鼓励，为孩子营造一个温馨和谐的家庭氛围，让孩子感到安全和被尊重，从而一步步唤醒孩子的内在驱动力。

第91招 满足孩子被倾听的需求

当孩子有一肚子新鲜事想和父母分享时，父母不妨先和孩子坐下来，为孩子准备一些小零食，给孩子十分钟的时间，认真聆听孩子的讲述，当孩子提到学校里发生的趣事时和孩子一起欢笑，等孩子倾诉完后再让孩子写作业。

第92招 满足孩子被鼓励的需求

父母可以通过暂时降低学习难度、制造正面反馈等方式，使孩子在学习的过程中不断获得成就感，并让这份成就感转化为孩子持续学习的动力。比如，当六年级的孩子跟不上学校的课程时，父母可以帮助孩子从五年级的知识补起；当孩子取得一些进步时，父母要及时给予表扬；当孩子表现得不尽如人意时，父母也要先肯定孩子的付出，然后再温和地指出孩子需要改进和努力的方向等。

第93招 将学习目标和底层需求联系起来

雯雯不知道学习是为了什么，也不知道学习到底有什么用，因此对学习丝毫提不起动力。于是妈妈便趁着放假，带着她去逛了逛当地的知名大学。在大学校园里，雯雯大开眼界，原来学习的地方可以这么美！校园里，绿树环抱，鲜花簇拥，芳草如茵，湖光山色，相映成趣。湖水倒映着周围的建筑和花木，宛如一幅清新淡雅、灵动秀丽的水墨画一般，美不胜收。大学的建筑风格也十分独特，既有古色古香的红墙黄瓦，又有设施齐全的现代化教学楼，那恢弘大气的图书馆，更像是知识的守卫者一般，成为学子们心中的圣地！雯雯当即表示，一定要好好学习，考到这里读大学。

雯雯喜欢美丽的风景，喜欢浪漫的人文环境，这便是她的底层需求。人有底层需求很正常，父母要做的是想办法将孩子的底层需求联系到学习上去，或者先满足孩子的底层需求，在此基础上再去实现孩子的其他需求。当我们反复去思考孩子为什么没有学习动力时，要先去反思孩子那些埋藏在底层的需求是否得到了满足：他在家里感受到足够的安全吗？他的负面情绪有出口吗？他遇到困难的时候能得到理解和支持吗？当我们着眼于这些问题并重视这些问题时，才会给予孩子足够的动力和斗志去战胜学习上的困难。

找个竞争对手，激发孩子的斗志

湘湘每次背古诗时，都觉得好难，怎么都背不下来，眼看着时间从半小时到一小时，急得她满头大汗，但还是无法流利地背出来。

心理学有个定律叫"鲶鱼效应"，指的是沙丁鱼为了躲避鲶鱼的致命攻击而始终保持着活力，反而能在长途运输中存活下来。很多时候，人之所以失去前进的动力，是因为缺少一点外部刺激和必要的危机感。

孩子的学习和成长是一个漫长的过程，每个孩子都难免会经历学习的倦怠期，甚至出现厌学情绪。这个时候，如果有像鲶鱼一样的竞争对手刺激孩子，激活孩子的好胜心和危机感，反而更能激发出孩子的斗志。

"别人家的孩子"不是好的竞争对手

在给孩子找竞争对手的过程中，有些父母常常陷入这样的误区：拿最优秀的孩子与自家孩子进行比较。父母口中的"别人家的孩子"通常都太过强大，以至于孩子即使拼尽全力都无法赶上。这样的竞争对手不仅会打击孩子的自信心，还会让孩子产生极度厌烦的心理，甚至还会成为孩子童年时期的阴影。

合适的竞争对手应具备的条件

只有合适的竞争对手才能在维护孩子自信心的同时激发孩子的斗志，促使孩子在竞争中不断超越自我。合适的竞争对手一般具备以下几个条件。

一是实力相当。竞争对手的实力要与孩子自身的实力相当，双方差距不能太大，以免孩子产生挫败感，或失去挑战的动力。

二是具体的人。竞争对手要越具体越好，最好是有名有姓的具体人物，这样可以让孩子有一个明确的目标和对手。

三是有互补性。竞争对手身上要有孩子没有的优点，这样孩子才能通过竞争学习的方式，取长补短。

四是有不断更新。随着孩子的成长，父母可以不断更换孩子的竞争对手，让孩子始终保持挑战的动力和进步的空间。

孩子到了三四年级，就已经有了强烈的竞争意识。从儿童心理学的角度来说，当想要战胜对手、不能失败的竞争心理发挥作用时，孩子就会把不喜欢学习的负面情绪抛诸脑后，充分发挥自身的学习能力，唤醒处于休眠状态的学习潜能，激励自己不断进步。

因此，父母应该帮助孩子找到竞争对手，让孩子与竞争对手比着学，这样孩子会更有学习的动力。

第94招 引导孩子自己寻找竞争对手

冬冬这次考试成绩不太理想，冬冬的妈妈没有责怪冬冬，而是问他："儿子，在你们班里，你最想超过谁？"冬冬想了想说："我最想超过我同桌，他每次考得都比我好，但我觉得他并不比我聪明。"冬冬说完还有些不服气。妈妈笑着点头道："那从今天开始，他就是你的竞争对手了，虽然他目前成绩比你好一点点，但是只要你锁定目标，坚持不懈，就能一点一点缩小你们之间的差距。"

自从有了竞争对手之后，冬冬好像开始变得爱学习了，甚至有时候学到深夜。妈妈忍不住劝冬冬早点睡觉，冬冬却神秘兮兮地回道："我只有偷偷地学，每天比同桌多学一会儿，才有超过他的可能。"

　　父母在给孩子找竞争对手时，要找目前比孩子强，但孩子认为自己有能力赶超的人。父母可以通过询问孩子的想法，帮助孩子建立一个赶超的目标，还可以多和老师沟通，了解孩子与班里优秀孩子的差距，有意识地引导孩子找到一个"旗鼓相当"的对手。

第95招　引导孩子进行良性竞争

　　当孩子出现要将对方全方位比下去的心态时，父母要及时引导孩子，让孩子把精力放在有意义的竞争上，比如与对方比学习、比纪律、比团队意识、比进步、比友谊等。

　　同时，父母也要让孩子愉快地接受他人的进步和成就，避免孩子为了赢而采取不正当手段。父母要让孩子知道只有公平的竞争才能获得进步和快乐，竞争对手不是敌人，而更是合作伙伴和值得尊敬的朋友。

　　当孩子在竞争中取得胜利后，父母要及时肯定孩子，同时也要教孩子把眼光放长远一些，鼓励孩子多和优秀的人接触，给自己树立更高的目标，让孩子体悟"强中自有强中手"的道理，不能因为一时的输赢就骄傲自满，要时刻保持着进取心。

利用稀缺性原理，让孩子变得积极主动

情景展现

辉辉不喜欢看书，但喜欢妈妈给他讲故事，于是辉辉的妈妈每天都给辉辉读绘本。时间长了，辉辉开始觉得有些厌烦。

案例分析

　　父母在教育孩子的过程中，常常是"有求必应"，尤其是在学习上，当孩子兴趣缺失，没有前进的动力时，甚至会用"强制性"措施将孩子往自己期望的方向上推。结果，父母越用力，孩子越反抗。这个时候，如果父母懂得利用"稀缺性原理"，通过对资源的调剂，减弱或消除教育中的强制力量，孩子反而会主动走上父母期望的方向。

　　"稀缺性原理"原本是经济学上的概念，即越是稀有的东西，越让人觉得珍贵，也越容易让人产生拥有的欲望。"稀缺性原理"可以很好地运用到教育领域，父母可以试着把没什么吸引力的事情，变成孩子需要争取的稀缺资源，从而充分调动孩子的积极性。

通过稀缺性原理，变"被动"为"主动"

　　比起学习的时间，孩子玩耍的时间、看电视的时间，甚至看漫画书的时间就显得有些微不足道，所以孩子通常会把这些活动看作"稀缺资源"，甚至是一种"奢求"，十分珍惜这些活动时间，结束了还意犹未尽。如果孩子能把这种心理状态用在学习上，就能从讨厌学习、躲避学习的状态调整为渴望学习、期待学习的状态。

适度稀缺可以激发孩子的创造力

　　适度的稀缺和匮乏可以激起孩子大脑的活力，"逼"着孩子发散思维，想出更多的解决办法。当资源较少时，我们需要打破思维定式才能解决问题，从而更好地生活下去；而在资源充裕的情况下，我们并不会积极地开动脑筋想出可以取代的办法，因为发散型思维很容易被充裕的资源和条件所限制。

给父母支招

父母与其整天督促孩子去学习、去做家务，不如致力于让这些事情成为孩子心里的"稀缺品"。稀缺教育对于3至10岁的孩子效果较为明显，孩子年纪越大，父母制造稀缺的难度就越大。所以，父母最好从孩子小的时候开始通过稀缺原理培养孩子的自主意识，这样一来，孩子自然而然就形成了好的行为习惯。那么，父母具体该怎么做呢？

第96招 让学习变为一种稀缺资源

父母可以观察孩子的学习状态，了解孩子一般学习多长时间后就会出现疲惫或不专注的状态，在这段时间的基础上进一步缩短孩子的学习时间，让学习这件事变得稀有起来。

举个例子，如果孩子学习40分钟左右就开始犯困，那么父母可以让孩子在学习30分钟后立即停下来休息一会儿，哪怕孩子作业刚做到一半，也让孩子过一会儿再写。父母需要注意的是，这种方式不宜频繁使用，而且要及时调整限定时间，避免破坏孩子的专注力。

第97招 利用稀缺原理激发孩子的求知欲

父母可以在学习资源上制造一些"人为的稀缺性"，尤其是有两个或两个以上孩子的家庭，父母可以通过减少购买同一类图书或学习用品的方式，激发孩子学习的欲望。

比如，父母只买一台学习机，并和孩子约定好，谁先完成某些任务或谁完成得好，谁就能获得一段时间的学习机使用权。又如，姐姐和弟弟都喜欢同一本课外书，那么父母可以只购买一本，并且告知孩子需要通过自己的努力才能获得优先看书的机会。这样一来，不管是姐姐还是弟弟，当他们获得看书机会的时候，就会格外珍惜阅读的机会，学习效果也会更好。

如果家里只有一个孩子，父母还可以让孩子与自己比赛，谁赢了才会把某本图书或某个学习的机会给谁。父母可以通过这样的形式让孩子明白，学习的机会是很难得的，需要格外珍惜。

在利用稀缺性原理的时候，父母也要注意不能急于求成，避免因过度稀缺导致预设的任务目的性太强或者条件太苛刻，起到适得其反的效果。

第98招　把做家务变成需要争取的"vip 特权"

父母可以通过玩游戏等方式，约定游戏中的赢家有机会成为家里的"清洁项目总管"。"总管"需要负责家庭清洁工作的分工，还要对团队成员（爸爸、妈妈、爷爷、奶奶等）的工作进行考评。这样，孩子不仅能主动做好自己分内的家务，还会力所能及地帮助其他家庭成员分担一些家务，成为负责维持家庭环境的卫生和整洁的"小管家"。

建立胜任感，让孩子更积极

学校要举行艺术节活动，所有孩子都可以通过自己制作的手工作品报名参加，晴晴也跃跃欲试。

所谓的胜任感，就是孩子觉得"我可以""我能做到"，这种自信可以驱使孩子不断努力向上，不断进步。事实上，孩子天生渴望胜任感，他们花大量的时间和精力去探索这个世界，并渴望在这个过程中获得父母的认同。

然而很多父母却在不知不觉中剥夺着孩子的胜任感，比如不断挑剔指责孩子、不重视孩子努力的成果、否认孩子的进步、用打压的方式去激励孩子等，给孩子带来无尽的挫败感。孩子一旦缺少胜任感，就会觉得自己是个没有价值的人，进而变得消极被动，甚至想方设法逃避各种任务。

胜任感需要外部的支持和鼓励

在孩子的成长过程中，父母如果能够给予足够的支持和鼓励，就会让孩子感受到自己是被接纳的，自己的付出和能力是被肯定的，孩子的自信心和胜任感也会随之建立。比如当孩子完成一项手工作品时，父母可以给予孩子积极的反馈："做得真不错，这是你努力的结果。"这样的鼓励可以帮助孩子明确自身的价值，不断积累自信。

胜任感是一种内在的真实体验

孩子胜任感的建立有赖于外部的支持和鼓励，但它真正的来源却是孩子内在的真实体验，如果孩子没有获得现实的成就感，或者对自己的表现并不满意，那么他的"感觉满意"往往也不会持久。因此，父母不仅要给孩子积极反馈，还要尽可能地给孩子提供真实的体验机会，让孩子能够在现实世界中获得真真切切的成就感。当孩子遇到无法自行逾越的障碍时，父母也要提供必要的帮助，让孩子充分体验努力行动带来的收获感。

在大人眼里，孩子洗碗可能会洗不干净，还会不小心把碗摔碎了，甚至弄伤自己。然而对孩子而言，靠自己的能力洗完一个碗，就是完成一次小小的挑战。孩子需要通过探索能力的边界来获取自信，这种自信的体验是任何事物都无法替代的。

越是不起眼的小事父母就越要放手让孩子去做，孩子从小事中积累的胜任感多了，就会变得越来越自信。也许孩子不是真的能做到，能做好，但是相信自己能胜任的那一份内在感觉，是需要父母用心去呵护的。

第99招 ◀ 使用描述性鼓励

在肯定孩子的行为时，父母可以放弃评价，把目光集中到孩子做的事情上，用具体的、真诚的方式把孩子所做的事情描述出来。父母还可以描述自己的感受以及孩子的感受，通过明确的鼓励和欣赏，激发孩子做事的动力。

比如孩子很用心地写一篇作文，虽然篇幅不大，但父母仍然可以这样鼓励他："你的作文虽然字数不多，但我发现你用了不少修辞手法，尤其是把云朵比喻成太阳的被子，我觉得十分有趣。"

在使用描述性的鼓励时，父母需要注意两个原则，一是要注意赞扬孩子时的态度、语气和语调要真实自然，不要刻意夸张，因为孩子需要的不是夸张、惊讶的表情，而是父母的真情流露；二是要避免评价，无论描述的是孩子的行为、感受还是努力、过程，父母都要避免评价性结论，尤其不要对孩子的人格进行评价。

第100招 ▸ 让自信层层递进

　　父母可以让孩子先尝到一点能胜任的"甜头"，从而鼓励孩子不断累积自信，再去挑战更难一点的事物，使孩子通过不断努力，收获满满的成就感。比如孩子玩拼图时，父母可以让孩子先从两块拼起，然后再拼四块的、八块的、十二块的，通过一点一滴的进步，孩子可以感受不断思考和探索的乐趣。

　　父母在和孩子下棋时，可以先设计一个倾斜严重的残局，让孩子能够轻松地获得胜利，从而激发孩子对于下棋的兴趣。随后父母可以再设计一个倾斜一点的残局，让孩子经过思考和尝试后获得胜利。等孩子在逐渐势均力敌的残局演练中，熟练掌握了每颗棋子的用法后，父母再和孩子下一盘公平的棋。这时候如果孩子输了，父母可以对孩子说："这局结束了，咱们再玩一局！"避免"输"的字眼，能让孩子多收获一份成功的体验。

青蓝